CHOISISSONS BIEN!
Pupil's Book

D1102223

In the same series:

FOR C.S.E.

FAITES VOTRE CHOIX
by D. M. Hancock, D. J. O'Leary
and D. A. Smith

FOR 'O' LEVEL

RICHTIG ENTSCHEIDEN !
by E. Schulte and L. M. Derham

¡VAMOS A ESCOGER !
by J. D. Mackereth

DAVAITE VYBIRAT'!
by M. J. Copp

FOR 'A' LEVEL

FRANCE-CHOIX
by J. D. Mackereth and L. M. Derham

CHOISISSONS BIEN!
Pupil's Book

by

J. D. MACKERETH, B.A. (Leeds), B.A. (London)

Member of the N.U.J.M.B. Panel for the G.C.E.
Paper in Spanish
Director of the Languages Faculty,
Morecambe High School

and

L. M. DERHAM, B.A.

Formerly Visiting Tutor, S. Martin's College
of Education, Lancaster and
Senior Modern Language Mistress
The Friends' School, Lancaster

HARRAP   LONDON

First published in Great Britain 1969
by GEORGE G. HARRAP & CO. LTD
182 High Holborn, London WC1V 7AX
Reprinted: 1971; 1973 (*twice*); 1974; 1975; 1976;
1977; 1978; 1979

ISBN 0 245 52005 8

Printed and bound in Great Britain by
REDWOOD BURN LIMITED
Trowbridge & Esher

PUBLISHER'S NOTE

This book should only be used in conjunction with the Teacher's Book, which contains the texts of the recorded listening tests and the correct answers to all the tests, and with the tape containing the spoken listening material and the questions on the latter.

ACKNOWLEDGMENTS

For tneir help and advice during the composition of this book we should like to thank Mlle Jacqueline Larrère, Mlle Danièle Gadonnet, and M. Jacky Archelas.

For permission to reproduce copyright material in the Reading Tests section we are indebted to M. Georges Simenon (pp. 83, 84–85, 91, 92–93, 102), *L'Aurore* (pp. 107, 131), *Paris Match* (pp. 94, 108–109, 110, 117–118, 139–140), *L'Humanité* (pp. 115–116, 123), and *Le Figaro* (pp. 74–75, 78, 99, 100–101, 133–134, 147, 150–151).

J.D.M.
L.M.D.

PART ONE

Listening Tests

Advice to the Pupil

In each of the following listening and reading tests you are provided with four alternative answers for each question. You must show your choice by marking A, B, C or D. Your teacher may have his own method but the usual method is to ring the letter you choose:

e.g. (A)   B   C   D

If you change your mind later, cross out clearly the wrongly ringed letter and ring the right one.

e.g. (A̸)   B   C   (D)

Don't be too hasty. Look carefully at all the four alternatives before making your choice. Even if A, for example, *looks* possible, D might well be the most suitable answer.

Don't let your own sense of humour lead you astray. Choose the answer that is the *most sensible* for each situation.

Don't worry if you don't understand every word; there may not be a question based on the more difficult sentences.

In the reading tests *do* read very carefully the whole passage at least once before you answer the questions.

In the G.C.E. examination you have about fifteen seconds for most of the listening questions. In the reading test you must plan your own time; work briskly but calmly.

ÉPREUVE 1

Première Partie

AVANT DE COMMENCER...

Vous allez entendre *une fois seulement* une série de remarques ou de courts dialogues. Écoutez ces phrases attentivement. Pour chaque numéro vous trouverez devant vous quatre réponses. Choisissez celle qui convient le mieux.

Par exemple, vous pourriez entendre : — Qui parle ?

« Je regrette, madame, je n'ai plus de bœuf aujourd'hui, mais j'ai de bonnes côtelettes de veau. »

Les quatre réponses pourraient être :

A. L'épicier.
B. Le boucher.
C. Le boulanger.
D. Le pâtissier.

Évidemment il faudrait choisir la réponse B et l'indiquer sur votre feuille de réponses.

Et maintenant, écoutez et répondez.

Choisissez bien !

Indiquez quelles sont les personnes qui parlent.

1. A. Un élève qui parle à son professeur.
   B. Un professeur qui parle à un élève.
   C. Le directeur d'une banque.
   D. Un parieur.

2. A. Un prestidigitateur.
   B. Un vétérinaire.
   C. Un boucher.
   D. Un vendeur de chapeaux.

3. A. Un alpiniste solitaire.
   B. Un guide.
   C. Un boulanger.
   D. Un chef d'orchestre.

4. A. Un garçon de café.
   B. Un meunier.
   C. Un boulanger.
   D. Un épicier.

Maintenant indiquez où se trouvent les personnes qui parlent.

5. A. A la poste.
   B. Au salon.
   C. Dans une forêt.
   D. Dans l'eau.

6. A. Au commissariat.
   B. Chez le vétérinaire.
   C. A la consigne.
   D. A la poste.

7. A. Au concert.
   B. Au théâtre.
   C. Au salon.
   D. A la gare.

8. A. Au bureau de placement.
   B. Dans un grand magasin.
   C. Dans la rue.
   D. Près d'une fontaine.

Maintenant il faut indiquer quand se passent les scènes suivantes.

9. A. Au printemps.
   B. En été.
   C. En automne.
   D. En hiver.

10. A. Avant le petit déjeuner.
    B. Après le petit déjeuner.
    C. Avant le dîner.
    D. Après le souper.

11. A. A Noël.
    B. Le Jour de l'An.
    C. Le jour de l'anniversaire d'un enfant.
    D. Le jour de la fête d'un enfant.

12. A. A la rentrée.
    B. A la sortie.
    C. En quittant le lycée pour la dernière fois.
    D. En arrivant au lycée pour la première fois.

13. A. Au moment de se lever.
    B. Au milieu de la nuit.
    C. Le soir.
    D. Le matin.

Indiquez ce qu'on fait dans les scènes suivantes.

14. A. On repasse des robes.
    B. On répare le plancher.
    C. On s'amuse à la piscine.
    D. On va explorer le fond de la mer.

15. A. On tire sur la corde.
    B. On apprend les numéros.
    C. On va à la chasse.
    D. On se bat en duel.

16. A. On pend les aristocrates pendant la Révolution.
    B. On tourne un film.
    C. On visite un phare.
    D. On monte à cheval.

◇

Deuxième Partie

Imaginez que vous êtes une femme qui a fait le tour du monde et qui répond à des questions de son amie. Vous les entendrez *une fois seulement*. Après chaque question choisissez la réponse qui convient le mieux.

17. A. A bicyclette.
    B. A dos d'âne.
    C. En autocar.
    D. En avion.

18. A. Oui, les moulins à vent hollandais sont très pittoresques.
    B. Les choses basses me déplaisent.
    C. Il n'y a que des Français là-bas.
    D. Il est impoli de dire « Bah! »

19. A. Je me gratte parce qu'un moustique m'a piquée.
    B. Il ne faut pas se gratter la tête.
    C. Il n'y en a pas à New-York.
    D. Oui, j'en ai vu beaucoup aux États-Unis.

20. A. Je ne suis pas allée si loin.
    B. C'est un pays ravissant.
    C. Je ne pense jamais; c'est trop fatigant.
    D. J'ai besoin d'un pansement.

21. A. Il y a trop de graisse dans la nourriture.
    B. Malheureusement, j'ai beaucoup engraissé.
    C. Oui, les temples et les statues grecs sont magnifiques.
    D. Je suis assez jeune.

22. A. Mais oui! J'ai trouvé les Néo-Zélandais très sympathiques.
    B. Il pleut beaucoup en Angleterre.
    C. Non, je n'ai pas reçu de nouvelles.
    D. Il n'y en a plus.

✧

Troisième Partie

DIALOGUE

Vous allez entendre *deux fois* un dialogue et une série de questions. Indiquez les réponses qui conviennent le mieux.

DES FIANCÉS PARLENT DE LEUR MARIAGE

23. A. Dans six jours.
    B. Dans douze jours.
    C. Dans six semaines.
    D. Dans douze semaines.

24. A. Parce qu'elle veut apprendre à faire la cuisine.
    B. Parce qu'elle en aime un autre.
    C. Parce qu'elle a perdu sa liste.
    D. Parce qu'elle veut faire faire de belles robes.

25. A. Pour aider Jean dans sa profession.
    B. Pour faire honneur à sa cousine.
    C. Parce qu'elles sont sur la liste.
    D. Parce qu'elle est enrhumée.

26. A. Il est médecin.
    B. Il est professeur.
    C. Il est directeur d'une école privée.
    D. Il est notaire.

27. A. Il est modeste.
    B. Il est bavard.
    C. Il est courageux.
    D. Il est riche.

28. A. Parce qu'ils sont malades.
    B. Parce qu'ils sont morts.
    C. Parce qu'ils sont pauvres.
    D. Parce qu'ils sont orgueilleux.

29. A. Parce que Lucile veut inviter le maire.
    B. Parce que Jean est orphelin.
    C. Parce que Jean a honte de ses origines.
    D. Parce que Jean comprend que Lucile est trop or-
       gueilleuse pour lui.

◇

HISTOIRE

Vous allez entendre *deux fois* une petite histoire et une

série de questions. Il faut indiquer la réponse qui convient le mieux à chaque question.

LE CHEVAL ET LES HUÎTRES

30. A. Il pleuvait.
    B. Il tonnait.
    C. Il gelait.
    D. Il était neuf heures du soir.

31. A. En Espagne.
    B. En France.
    C. En Angleterre.
    D. En Hollande.

32. A. Parce qu'il était à cheval.
    B. Parce qu'il était rusé.
    C. Parce que le feu flamboyait.
    D. Parce que son manteau était trop léger.

33. A. Il le fit entrer dans l'auberge.
    B. Il le fit mener à l'écurie.
    C. Il le mena lui-même à l'écurie.
    D. Il le vendit à un garçon.

34. A. Depuis cinq heures.
    B. Depuis neuf heures.
    C. Depuis quatorze heures.
    D. Depuis seize heures.

35. A. Parce qu'il n'y avait pas de place.
    B. Parce que son cheval aimait les huîtres.
    C. Parce que son cheval était à l'écurie.
    D. Parce que le feu flamboyait.

36. A. Parce que le cheval aimait les huîtres.
    B. Parce que les gros messieurs aimaient les huîtres.
    C. Parce que l'Espagnol voulait faire sortir les gros messieurs.
    D. Parce que le cheval était extraordinaire.

ÉPREUVE 2

Première Partie

AVANT DE COMMENCER...

Vous allez entendre *une fois seulement* une série de remarques ou de courts dialogues. Écoutez ces phrases attentivement. Pour chaque numéro vous trouverez devant vous quatre réponses. Choisissez celle qui convient le mieux.

Par exemple, vous pourriez entendre: — Qui parle? « Je regrette, madame, je n'ai plus de bœuf aujourd'hui, mais j'ai de bonnes côtelettes de veau. »

Les quatre réponses pourraient être:

A. L'épicier.
B. Le boucher.
C. Le boulanger.
D. Le pâtissier.

Évidemment il faudrait choisir la réponse B et l'indiquer sur votre feuille de réponses.

Et maintenant, écoutez et répondez.

Choisissez bien!

Indiquez les personnes qui parlent.

1. A. Un médecin.
   B. Un marchand de poisson.
   C. Un agent d'assurances.
   D. Un assassin.

2. A. Deux aviateurs.
   B. Deux voleurs.
   C. Deux détectives.
   D. Deux voisins.

3. A. Un notaire et sa cliente.
   B. Un monsieur et sa tante.
   C. Un commerçant et la sœur d'une dame qui veut acheter une maison.
   D. Un entrepreneur de pompes funèbres et une dame dont la sœur vient de mourir.

4. A. Le directeur d'une banque et sa cliente.
   B. Un professeur et une élève.
   C. Une comtesse et un ami de son mari.
   D. Le bibliothécaire et une personne qui emprunte des livres.

Indiquez où se trouve la personne qui parle.

5. A. A Bordeaux.
   B. A la gare.
   C. Au bord de la mer.
   D. Au théâtre.

6. A. En avion.
   B. Près de Paris.
   C. Au pied de la Tour Eiffel.
   D. A l'entrée d'une maison.

7. A. A Londres.
   B. A l'aéroport.
   C. Au bal des voleurs.
   D. A la sortie de secours d'un cinéma.

8. A. Dans une salle des ventes.
   B. Dans un musée d'art.
   C. Dans la classe de dessin.
   D. Dans un magasin.

Indiquez quand se passe cette scène.

9. A. Au printemps.
   B. En été.
   C. En automne.
   D. En hiver.

10. A. La veille de Noël.
    B. Le Jour de Noël.
    C. Le Jour de l'An.
    D. La Fête Nationale.

11. A. Avant le petit déjeuner.
    B. Au petit déjeuner.
    C. Après le déjeuner.
    D. Au goûter.

12. A. Avant un examen.
    B. Avant le commencement du trimestre.
    C. Le dernier jour du trimestre.
    D. Au commencement des vacances.

13. A. Avant de s'embarquer.
    B. Après l'embarquement.
    C. Avant un repas.
    D. Après un repas.

Indiquez ce qu'on fait dans les scènes suivantes.

14. A. On monte à cheval.
    B. On fait de l'alpinisme.
    C. On explore une caverne.
    D. On fait une promenade en auto.

15. A. On regarde passer une course cycliste internationale.
    B. On regarde passer une course cycliste nationale.
    C. On regarde passer une course de chevaux.
    D. On regarde un championnat de natation.

16. A. On fait une course à pied.
    B. On apprend à conduire une auto.
    C. On complote pour assassiner un haut personnage.
    D. On déblaie la route.

◇

Deuxième Partie

SITUATION:

Une conversation entre un maître et un nouvel élève.

Vous entendrez *une fois seulement* les réponses de l'élève. Indiquez la question qui convient le mieux à chaque réponse.

17. A. Combien d'ânes as-tu?
    B. Est-il dix heures?
    C. Quel âge as-tu?
    D. Qu'as-tu?

18. A. As-tu des frères ou des sœurs?
    B. Qui est ton père?
    C. Es-tu une fille?
    D. Es-tu unique?

19. A. Es-tu assez fort pour porter cette table?
    B. Aimes-tu les histoires?
    C. Peux-tu me raconter une histoire?
    D. Que fais-tu le mieux?

20. A. Est-ce que tu taquines les filles?
    B. Es-tu paresseux?
    C. Que fais-tu pendant la récréation?
    D. Que fais-tu le samedi?

21. A. Es-tu méchant?
    B. Es-tu intelligent?
    C. Es-tu un bon élève?
    D. Aimes-tu les classes?

◇

Troisième Partie

Vous entendrez *deux fois* une petite histoire et une série de questions. Pour chaque question indiquez la réponse qui convient le mieux.

UNE DÉSESPÉRÉE VEUT SE DONNER LA MORT EN SAUTANT

22. A. Parce que son mari était malade.
    B. Parce que son mari venait de mourir.
    C. Parce que son fils s'était marié.
    D. Parce que ses souffrances augmentaient rapidement.

23. A. Au rez-de-chaussée.
    B. Au treizième étage.
    C. Au troisième étage.
    D. Sous un immeuble.

24. A. Parce qu'un agent était dans la rue.
    B. Parce qu'elle avait peur de sauter.
    C. Parce qu'un camion était au-dessous d'elle.
    D. Parce qu'elle craignait de faire mal à un enfant.

25. A. Ils pleuraient.
    B. Ils riaient.
    C. Ils criaient.
    D. Ils se sauvaient.

26. A. La police.
    B. Le fils de Madame Lenoir.
    C. La voisine.
    D. La pompe à incendie.

27. A. A côté de Mme Lenoir.
    B. Au-dessus de l'appartement de Mme Lenoir.
    C. Au-dessous de l'appartement de Mme Lenoir.
    D. Dans la rue voisine.

28. A. Parce qu'un animal avait besoin d'elle.
    B. Parce que personne n'avait besoin d'elle.
    C. Parce qu'elle ne reconnaissait plus son fils.
    D. Parce qu'elle était préoccupée.

❖

Voici une deuxième histoire. Vous l'entendrez *deux fois,* avec les questions qui la suivent. Pour chaque question indiquez la réponse qui convient le mieux.

UNE PETITE FILLE RAMASSE LES ŒUFS

29. A. A Marseille.
    B. A la campagne.
    C. Au Natal.
    D. Au centre de la France.

30. A. Parce qu'elle préférait la campagne.
    B. Parce qu'elle était inquiète.
    C. Parce que ses joues étaient trop blanches.
    D. Parce qu'elle parlait trop.

31. A. En montant à cheval.
    B. Par le train.
    C. Sur une vieille bicyclette.
    D. En chantant « La Marseillaise ».

32. A. Il était boucher.
    B. Il était fermier.
    C. Il était marchand de grain.
    D. Il était marchand de foin.

33. A. Les poules.
    B. Les poussins.
    C. Les oies.
    D. Les vaches.

34. A. Le double du nombre ordinaire.
    B. La moitié du nombre ordinaire.
    C. Le même nombre que d'ordinaire.
    D. Vingt.

35. A. Elle était fière.
    B. Elle regarda les prés.
    C. Elle éclata en sanglots.
    D. Elle trouva cela très amusant.

36. A. Ils pendent les poules.
    B. Ils ramassent les œufs en porcelaine.
    C. Ils mettent un œuf en porcelaine dans chaque nid.
    D. Ils servent de modèles aux poules.

ÉPREUVE 3

Première Partie

AVANT DE COMMENCER...

Vous allez entendre *une fois seulement* une série de remarques ou de courts dialogues. Écoutez ces phrases attentivement. Pour chaque numéro vous trouverez devant vous quatre réponses. Vous devez choisir la réponse qui vous paraît la plus raisonnable. Indiquez votre choix sur votre feuille de réponses.

Choisissez bien!

Qui parle?

1. A. Une dame qui déteste les chats.
   B. Une dame qui voit un chat.
   C. Une dame qui voit une souris.
   D. Une dame qui fait réparer une chaise.

2. A. Un mendiant.
   B. Un élève qui parle au professeur.
   C. Un agent de ville.
   D. Un vendeur de cigarettes.

3. A. Le directeur d'une banque.
   B. Un voleur.
   C. Un agent.
   D. Un homme d'affaires.

4. A. Un pêcheur.
   B. Un pécheur.
   C. Un porteur.
   D. Un marchand de poisson.

Où se trouvent les personnes qui parlent?

5. A. Au salon.
   B. Au bureau.
   C. Chez le vétérinaire.
   D. Au central téléphonique.

6. A. Devant un tableau.
   B. Sur la pente d'une montagne.
   C. Dans un avion.
   D. Dans un bateau.

7. A. Au cirque.
   B. Au jardin zoologique.
   C. Dans un fossé.
   D. Devant un château historique.

8. A. Dans une salle d'attente.
   B. Dans une salle de classe.
   C. Dans un bureau.
   D. Dans le train.

Indiquez quand cette scène se passe.

9. A. Au printemps.
   B. En été.
   C. En automne.
   D. En hiver.

10. A. A midi.
    B. A une heure de l'après-midi.
    C. A six heures du soir.
    D. A huit heures du soir.

11. A. La veille de Noël.
    B. Le jour de Noël.
    C. Le jour de la fête d'un petit Français.
    D. Le jour de l'anniversaire d'un enfant.

12. A. Pendant la nuit.
    B. Pendant la sieste.
    C. Avant de fumer une cigarette.
    D. Au moment des défilés de la Fête Nationale.

13. A. Le jour de la fête d'un garçon.
    B. Le jour de l'anniversaire d'un garçon.
    C. Au commencement de la belle saison.
    D. A la fin de l'été.

Indiquez ce qu'on fait dans les scènes suivantes.

14. A. On vend une maison.
    B. On arrive à l'hôtel.
    C. On fait le ménage.
    D. On arrange un interview avec un domestique.

15. A. On achète une auto d'occasion.
    B. On laboure les champs.
    C. On peint les murs d'une maison.
    D. On fait du cyclisme.

16. A. On achète des médicaments à la pharmacie.
    B. On achète de quoi écrire.
    C. On visite une cathédrale.
    D. On apprend la géométrie.

Deuxième Partie

VOICI LA SITUATION:

Deux aviateurs sont perdus dans le désert après avoir fait un atterrissage forcé.

Vous entendrez *une fois seulement* une série de remarques ou de questions. Trouvez la réponse qui convient le mieux à chacune des questions ou des observations suivantes.

17. A. Oui, il fait chaud sous ce soleil.
    B. J'habite au sous-sol.
    C. C'est que nous avons usé nos souliers en marchant si loin.
    D. Oui, il y a trop de nuages.

18. A. Ne tourne pas la tête.
    B. Non, nous ne pouvons pas retourner.
    C. C'est mon tour.
    D. Alors, reposons-nous un instant.

19. A. J'ai presque quarante ans.
    B. Non, c'est une oasis.
    C. C'est un chien enragé.
    D. J'ai une rage de dents.

20. A. Merci, je ne fume pas.
    B. Ce sont peut-être des Bédouins devant leur tente.
    C. Le fumier aide l'agriculture.
    D. Mais je suis très civilisé!

21. A. Oui, raconte-les-moi.
    B. Je n'ai jamais visité Vienne.
    C. Où est Jean?
    D. Le ciel soit loué!

Troisième Partie

Vous allez entendre *deux fois* une petite histoire et une série de questions. Pour chaque question indiquez la réponse qui convient le mieux.

ON FAIT DU CAMPING

22. A. Lentement, en causant.
    B. En autobus.
    C. En courant aussi vite que possible.
    D. A contre-cœur.

23. A. Quinze minutes.
    B. Trente minutes.
    C. Une heure.
    D. Une heure et demie.

24. A. Ils chantaient très fort.
    B. Ils chantaient doucement.
    C. Ils s'avançaient timidement de peur d'être tués.
    D. Ils tuaient des moutons.

25. A. Le pré descendait en pente.
    B. Il y avait des moutons.
    C. Il y avait un côté nord.
    D. Il y avait du bois et de l'eau tout près.

26. A. Tout près des tentes.
    B. Dans le pré voisin.
    C. Dans le même pré, aussi loin que possible des tentes.
    D. Sous la tente.

27. A. Lentement.
    B. Vite, sans perdre de temps.
    C. Sans succès.
    D. Très tard.

28. A. Deux.
    B. Dix environ.
    C. Douze.
    D. Un grand troupeau.

29. A. Ils ont préparé un repas.
    B. Ils ont dormi.
    C. Ils ont soupiré.
    D. Ils ont fait cuire leur déjeuner.

Voici une autre petite histoire. Vous allez l'entendre *deux fois* avec les questions qui suivent. Pour chaque question indiquez la réponse qui convient le mieux.

UNE INVITATION INATTENDUE

30. A. A la campagne.
    B. A Marseille.
    C. A Londres.
    D. A Paris.

31. A. En faisant des signes avec les mains.
    B. En mangeant copieusement.
    C. En mangeant bruyamment.
    D. En buvant du champagne.

32. A. Avec enthousiasme.
    B. Avec surprise.
    C. Avec vivacité.
    D. Avec colère.

33. A. Parce qu'il était né en Champagne.
    B. Parce qu'il était triste.
    C. Parce qu'il paraissait heureux de voir Édouard.
    D. Parce qu'il n'aimait pas le café.

34. A. Vers neuf heures du matin.
    B. Vers une heure de l'après-midi.
    C. Vers six heures du soir.
    D. Vers huit heures du soir.

35. A. Il manquait de politesse.
    B. Il était peu intelligent.
    C. Il cachait sa faiblesse.
    D. Il avait beaucoup de peine à reconnaître les gens.

36. A. Parce que Pierre lui était vraiment inconnu.
    B. Parce qu'il connaissait bien Pierre.
    C. Parce qu'il avait bu trop de champagne.
    D. Parce qu'il avait déjeuné.

ÉPREUVE 4

Première Partie

Dans cette partie vous entendrez *une fois seulement* une série de courts dialogues. Pour chaque numéro il faut indiquer la réponse qui convient le mieux. D'abord, indiquez *où se trouvent les personnes qui parlent.*

1. A. Au consulat tchèque.
   B. A la banque.
   C. A la librairie.
   D. A la bibliothèque.

2. A. A la mairie.
   B. Dans un bateau.
   C. Sur la plage.
   D. Dans la maison.

3. A. A la gare.
   B. Au Jardin des Plantes.
   C. Dans un musée d'art.
   D. Devant une exposition de timbres.

4. A. Au salon de thé.
   B. Chez le marchand de légumes.
   C. Chez le fruitier.
   D. Chez le laitier.

5. A. A la banque.
   B. Chez le bijoutier.
   C. Chez le médecin.
   D. Chez le coiffeur.

6. A. Au fond d'une mine.
   B. Chez l'électricien.
   C. Au cinéma.
   D. Dans le train.

7. A. Au Pôle Nord.
   B. Au Pôle Sud.
   C. A la bibliothèque.
   D. A la librairie.

8. A. Chez le marchand de poisson.
   B. Chez le boulanger.
   C. Chez l'épicier.
   D. Chez le boucher.

Maintenant il faut indiquer *quelles sont les personnes qui parlent.*

9. A. Un élève et un professeur.
   B. Un notaire et son secrétaire.
   C. Un facteur et le propriétaire d'une maison.
   D. Un aubergiste et son client.

10. A. Deux sœurs.
    B. Deux amies.
    C. Une bonne et sa maîtresse.
    D. Une infirmière et une malade.

11. A. Deux nageurs.
    B. Deux cyclistes.
    C. Deux matelots.
    D. Deux astronautes.

12. A. Un garçon de café et une cliente.
    B. Deux amis qui déjeunent au restaurant.
    C. Un monsieur et la tante d'un garçon.
    D. Un professeur et la mère d'un élève.

13. A. Un garçon de café et le patron.
    B. Un garçon de café et un client.
    C. Un marchand de légumes et un client.
    D. Un jardinier et son maître.

14. A. Deux élèves qui jouent à l'école.
    B. Un garçon et sa petite sœur.
    C. Un garçon et sa voisine.
    D. Deux petits malades qui sont à l'hôpital.

15. A. Un maître et sa domestique.
    B. Un pêcheur et sa femme.
    C. Un poète et une journaliste.
    D. Un gardien de reptiles et son aide.

16. A. Un boucher et son livreur.
    B. Un fermier et son fils.
    C. Un vétérinaire et son jeune aide.
    D. Un berger et son fils.

✧

Deuxième Partie

Vous entendrez *une fois seulement* une série de questions ou de remarques. Après chacune de celles-ci il faut indiquer la réponse qui convient le mieux.

SITUATION :

Deux amis se rencontrent après une séparation de dix ans.

17. A. Oui, je vais bien, merci.
    B. Oui, c'est moi, mon vieux.
    C. Non, ce n'est pas ma faute.
    D. Non, c'est mal fait.

18. A. J'aime beaucoup les aventures de l'inspecteur Maigret.
    B. La vie m'a rendu amer.
    C. Oui, je suis allègre.
    D. C'est que j'ai perdu beaucoup de poids en Afrique.

19. A. Elle est morte.
    B. J'en ai dix.
    C. Non, je n'ai pas faim.
    D. Oui, je les aime beaucoup.

20. A. J'en suis très reconnaissant.
  B. Oui, je fais un tour de reconnaissance.
  C. Je ne pourrais jamais t'oublier.
  D. Je ne connais personne ici.

21. A. Bien volontiers.
  B. Non, je n'aime pas la campagne.
  C. Je n'aime pas les compagnes.
  D. Non, je ne la désire pas.

Troisième Partie

Vous allez entendre *deux fois* un dialogue et une série de questions. Il faut indiquer la réponse qui convient le mieux à chaque question.

La scène se passe dans une agence matrimoniale.

22. A. Une femme de chambre.
  B. Une épouse.
  C. Une grande dame.
  D. Une bonne à tout faire.

23. A. Une blonde.
  B. Une brune.
  C. Il préfère une Russe.
  D. Cela lui importe peu.

24. A. Elle était difficile à contenter.
  B. Elle était laide.
  C. Elle était douce et aimable.
  D. Elle était rousse.

25. A. Elle a divorcé.
  B. Elle est morte.
  C. Elle s'est perdue dans la rue.
  D. Elle s'est enfuie dans un camion.

26. A. Le camion était trop grand.
    B. La rue était trop petite.
    C. La femme ne conduisait pas assez lentement.
    D. Le camion débouchait d'une petite rue.

27. A. Beaucoup plus jeune.
    B. Un peu plus jeune.
    C. Un peu plus âgée.
    D. Beaucoup plus âgée.

28. A. Parce que la musique moderne est affreuse.
    B. Parce que la musique est charmante.
    C. Parce qu'une femme devrait savoir jouer du piano.
    D. Parce que deux époux devraient avoir les mêmes goûts.

29. A. Parce qu'il aimait les femmes.
    B. Parce qu'il aimait les bons repas.
    C. Parce qu'il détestait la musique moderne.
    D. Parce qu'il cherchait une bonne conductrice.

Maintenant vous allez entendre *deux fois* une petite histoire suivie d'une série de questions. Indiquez la réponse qui convient le mieux.

DANS LA CAVERNE

30. A. Une semaine.
    B. Deux semaines.
    C. Un mois.
    D. Quinze semaines.

31. A. Oui, elle était plus âgée que lui.
    B. Non, elle était moins âgée que lui.
    C. Non, Armand était plus âgé qu'elle.
    D. Ils avaient tous deux le même âge.

32. A. A deux cents kilomètres de la grand-route.
    B. A une demi-heure de la grand-route.
    C. Près de la grand-route.
    D. Loin de la grand-route.

33. A. Six ans.
    B. Sept ans.
    C. Huit ans.
    D. Neuf ans.

34. A. Elle avait été tuée par une voiture.
    B. Elle s'était enfuie par peur de la police.
    C. Elle avait écrasé quelqu'un.
    D. Elle avait caché un cadavre.

35. A. Elle était blanchisseuse.
    B. Elle était couturière.
    C. Elle était fermière.
    D. Elle achetait et vendait des vêtements.

36. A. Parce que la tante le permettait.
    B. Parce qu'ils voulaient aller voir une Anglaise.
    C. Parce que les voitures roulaient lentement.
    D. Parce qu'ils avaient envie de parcourir du terrain nouveau.

37. A. Le squelette d'un animal.
    B. Les os de Marie Duval.
    C. La main d'un autre enfant.
    D. Une lampe électrique.

ÉPREUVE 5

Première Partie

Vous entendrez *une fois seulement* une série de remarques ou de courts dialogues. Choisissez dans chaque cas la réponse qui convient le mieux.

D'abord, il faut indiquer *qui parle*.

1. A. Un dentiste.
   B. Un médecin.
   C. Un oculiste.
   D. Un professeur de langues vivantes.

2. A. Un jardinier.
   B. Un dentiste.
   C. Un professeur.
   D. Un coiffeur.

3. A. Un pompier qui arrive à un incendie.
   B. Un neveu qui aide sa tante dans la maison.
   C. Un chasseur qui sort avec son fusil.
   D. Un éclaireur qui fait du camping.

4. A. Une mère de famille qui achète du pain.
   B. Une musicienne qui achète des instruments.
   C. Une fée.
   D. Une jeune fille qui aide un prestidigitateur.

5. A. Une vendeuse de cigarettes.
   B. Une hôtesse de l'air.
   C. La patronne d'une maison de couture qui regarde ses mannequins.
   D. Une femme terrifiée.

6. A. Un menuisier.
   B. Un architecte.
   C. Un contrôleur.
   D. Un agent.

7. A. Un pêcheur de crevettes.
   B. Un médecin.
   C. Un vétérinaire.
   D. Un garagiste.

Maintenant il faut indiquer *où se passent* les scènes suivantes.

8. A. Sur la rivière.
   B. Au salon de thé.
   C. Dans le train.
   D. Chez le médecin.

9. A. Au cinéma.
   B. Au théâtre.
   C. Devant la radio.
   D. Devant le poste de télévision.

10. A. Dans la boulangerie.
    B. Dans la confiserie.
    C. Dans l'épicerie.
    D. Dans la boucherie.

11. A. Sur un grand rocher à pic.
    B. Dans un magasin de modes.
    C. Dans une bibliothèque.
    D. Dans une cabine téléphonique.

12. A. A la teinturerie.
    B. Chez la couturière.
    C. Au magasin de modes.
    D. Chez la modiste.

13. A. Chez l'agent d'assurances.
    B. Chez le coiffeur.
    C. A la banque.
    D. A la pharmacie.

Maintenant il faut indiquer *ce qu'on devrait faire* dans les circonstances suivantes.

14. A. Manger.
    B. Faire la vaisselle.
    C. Faire cuire le repas.
    D. Inviter des amis à partager le repas.

15. A. Sourire gentiment.
    B. Caresser la bête.
    C. Descendre du train.
    D. Grimper dans un arbre.

16. A. Attendre sur le trottoir.
    B. Traverser la rue.
    C. Rallumer le feu.
    D. Faire venir les pompiers.

Deuxième Partie

Dans cette partie vous entendrez *une fois seulement* une série de remarques ou de questions. Après avoir écouté chaque phrase, choisissez parmi les réponses imprimées dans votre livre celle qui convient le mieux et indiquez-la sur votre feuille de réponses.

VOICI LA SITUATION:

Une mère, qui veut choisir une bonne école pour ses enfants, interroge le directeur d'un pensionnat.

17. A. Non, les gens ne sont pas ici.
    B. Ce sont tous des nigauds.
    C. Ils sont sévères mais ils ont bon cœur.
    D. Non, ils sont très intelligents.

18. A. On joue au tennis.
    B. On fait du ski.
    C. Il était malade mais il est guéri.
    D. J'étais sportif mais maintenant je suis trop vieux.

19. A. Il est défendu de manger en classe.
    B. Oui, quelquefois.
    C. De la viande, des légumes et des fruits.
    D. Des gâteaux et des glaces.

20. A. A la bonne heure !
    B. Il y a une couche de poussière sur le pupitre de chaque élève.
    C. A sept heures du matin.
    D. A neuf heures en semaine.

21. A. Non, on doit faire attention en classe.
    B. Cela pourrait causer un grave accident.
    C. Si, c'est la cause de beaucoup de morts.
    D. Les pères, oui, mais les mères, non.

22. A. Sept heures par jour.
    B. Non, seulement une heure pour les petits.
    C. Oui, les élèves les adorent.
    D. Les professeurs adorent corriger les devoirs.

23. A. Oui, l'allemand et l'espagnol.
    B. Oui, c'est très lent.
    C. Non, elles ne sont pas mortes.
    D. Oui, l'Allemagne et la Suisse.

Troisième Partie

Dans cette partie vous entendrez deux petites histoires. Après chaque histoire il y a une série de questions. Pour chaque question il faut choisir la réponse qui convient le mieux. Vous entendrez les histoires et les questions *deux fois*.

TOTO ET LE CAMBRIOLEUR

24. A. Personne.
    B. La cuisinière.
    C. La sœur de la cuisinière.
    D. La cousine.

25. A. 2 mois.
    B. 7 ans.
    C. 8 ans.
    D. 11 ans.

26. A. Parce que c'était l'anniversaire de Toto.
    B. Parce que c'était l'anniversaire de la cousine.
    C. Parce que la cuisinière était en vacances.
    D. Parce que Toto était à la maison.

27. A. Au théâtre.
    B. Au cinéma.
    C. Au casino.
    D. A la fête.

28. A. Parce que sa mère lui avait défendu de bouger.
    B. Parce que le cambrioleur bougea.
    C. Parce qu'il avait froid.
    D. Parce qu'il avait peur.

29. A. 4 heures.
    B. 7 heures.
    C. 11 heures.
    D. Une fois seulement.

30. A. Pour tuer Toto.
    B. Pour voler de l'argent.
    C. Pour voir la cuisinière.
    D. Pour écouter l'horloge.

31. A. Sous le lit de Toto.
    B. Près de la fenêtre ouverte.
    C. Dans la chambre des parents.
    D. A droite.

32. A. Pour emprisonner le cambrioleur.
    B. Pour taquiner la cuisinière.
    C. Parce que la fenêtre était ouverte.
    D. Parce que le vent était froid.

✧

MARIE PRÉPARE LE REPAS

33. A. Parce qu'elle était trop fière.
    B. Parce qu'elle avait pris Madame Lebrun en grippe.
    C. Parce qu'elle était malade.
    D. Parce qu'il se faisait tard.

34. A. Elle était médecin.
    B. Elle était couturière.
    C. Elle était cuisinière.
    D. Elle était blanchisseuse.

35. A. A dix heures.
    B. A dix heures et demie.
    C. A onze heures.
    D. A midi.

36. A. Elle commença à préparer les légumes.
    B. Elle mit un œuf sur la table.
    C. Elle mangea des hors-d'œuvre.
    D. Elle lut les œuvres de Victor Hugo.

37. A. Parce qu'elles voulaient l'empêcher de travailler.
    B. Parce qu'elles la plaignaient d'être seule.
    C. Parce qu'elles voulaient apprendre à faire un ragoût.
    D. Parce qu'elles portaient des vêtements sales.

38. A. Elle fit fondre du beurre dans la casserole.
    B. Elle émoussa la lame du couteau.
    C. Elle éplucha les légumes.
    D. Elle se mit à pleurer.

ÉPREUVE 6

Dans cette partie vous entendrez *une fois seulement* une série de remarques. Pour chaque numéro il faut choisir la réponse qui convient le mieux.

D'abord il faut indiquer *où se trouve la personne qui parle*.

1. A. Au commissariat.
   B. A la consigne.
   C. Au bureau de mariage.
   D. Au bureau de renseignements.

2. A. Chez le marchand de légumes.
   B. Au bureau de poste.
   C. Au bureau de change.
   D. A la confiserie.

3. A. Chez le docteur.
   B. Chez un malade.
   C. A la pharmacie.
   D. A l'école.

4. A. Au rayon de mercerie.
   B. Au bord de la rivière.
   C. A la banque.
   D. A la Sûreté.

5. A. Sur un passage à niveau.
   B. Au bureau de tourisme.
   C. A Calais.
   D. A bord d'un paquebot.

6. A. Dans un magasin.
   B. En chemin de fer.
   C. En auto.
   D. Au poste de police.

7. A. Au garage.
   B. A l'aéroport.
   C. Devant une volière.
   D. Devant un juge.

8. A. Au salon.
   B. Au bureau de tabac.
   C. Dans une salle.
   D. Dans un champ.

Maintenant, *à qui parle-t-on?*

9. A. A un gardien de prison.
   B. A une concierge.
   C. A un professeur de mathématiques.
   D. A une dame qui téléphone.

10. A. A un agent de police.
    B. A un oculiste.
    C. A un prêtre.
    D. A un mineur.

11. A. A un boucher.
    B. A un médecin.
    C. A un athlète.
    D. A un coiffeur.

12. A. A un agent de police.
    B. A un garçon de café.
    C. A une sentinelle.
    D. A un voleur.

13. A. A un détective.
    B. A un juge.
    C. Au directeur de la banque.
    D. Au contrôleur du train.

14. A. A une dame qui apprend à conduire.
    B. A un modèle.
    C. A un malade.
    D. A une étudiante de langues vivantes.

15. A. A un pompiste.
   B. A un épicier.
   C. Au marchand de vins.
   D. Au laitier.

16. A. A un chat.
   B. A un chien.
   C. A un petit garçon.
   D. A un bébé.

Deuxième Partie

Dans cette partie vous entendrez *une fois seulement* une série de remarques. Il faut choisir la réponse qui convient le mieux dans chaque cas.

VOICI LA SITUATION :

Deux sœurs, Marie et Louise, se promènent dans un pré où elles vont faire un pique-nique. Marie parle. Choisissez les réponses de Louise.

17. A. Oh non, Marie! Il fait trop beau pour être à l'ombre!
   B. Oh non, Marie! Il me paraît féroce, cet animal-là!
   C. Chut, Marie! Je crois qu'il nous écoute.
   D. Et s'il y avait quelqu'un à l'intérieur?

18. A. N'importe. Je n'ai pas faim.
   B. Moi, je n'en vois que six, Marie.
   C. Oui, mais nous pouvons nous asseoir sur les caoutchoucs.
   D. Oui, mais nous pouvons l'essuyer avec un mouchoir.

19. A. On peut casser avec soin le col de la bouteille.
   B. On peut prendre un taxi.
   C. N'importe. Ce n'est pas la saison de la chasse.
   D. N'importe. Il y a une boucherie dans le village.

20. A. Oui, c'est vrai. Crois-tu qu'il va nous gronder?
    B. Oui, c'est vrai. Crois-tu qu'il va nous arrêter?
    C. Ça, c'est une vache, ma sœur!
    D. Ça, c'est un escargot, ma sœur!

21. A. Tiens, Marie!
    B. Tiens, c'est toi!
    C. Je ne boite pas, Marie.
    D. Non, c'est un fermier, ma sœur.

22. A. Oui, garde-toi bien d'y marcher, Marie.
    B. Où est-il? Moi, je ne le vois pas.
    C. Oui, mais nous pourrons en acheter un autre.
    D. Oui, mais nous pourrons chercher l'abri d'un arbre
       s'il commence à pleuvoir.

23. A. Oh non, il est tout seul, Marie.
    B. Oui, connais-tu des paroles sur cet air-là?
    C. C'est vrai. Il vient nous chasser peut-être.
    D. C'est vrai. Il vient nous féliciter peut-être.

Troisième Partie

Dans cette partie vous entendrez deux histoires. Après
chaque histoire il y a une série de questions. Vous entendrez
les histoires et les questions *deux fois*.

UN VISITEUR INATTENDU

24. A. La grand-mère de Georges.
    B. La femme d'Antoine.
    C. La mère d'Antoine.
    D. La mère de Georges.

25. A. Avec Georges.
    B. Au premier étage.
    C. Au rez-de-chaussée.
    D. Au deuxième étage.

26. A. Ils descendirent au rez-de-chaussée.
    B. Ils crièrent au secours.
    C. Ils n'en firent aucune.
    D. Ils brandirent des ciseaux.

27. A. Dans l'escalier.
    B. Dans sa chambre.
    C. Sur le palier.
    D. Au rez-de-chaussée.

28. A. Elle ne ferait rien.
    B. Elle appellerait les deux hommes à son secours.
    C. Elle le tuerait.
    D. Elle chercherait des ciseaux.

29. A. Elle ne ferait rien.
    B. Elle appellerait les deux hommes à son secours.
    C. Elle le tuerait.
    D. Elle chercherait des ciseaux.

30. A. Parce que les deux hommes étaient sur le point de descendre.
    B. Parce qu'il ne voulait pas mourir.
    C. Parce que la grand-mère lui donna un coup de poing au nez.
    D. Parce qu'il n'avait pas le cœur de tuer une femme de soixante-dix ans.

Voici, pour finir, la seconde histoire:

LA VIE FAMILIALE

31. A. Il était romancier.
    B. Il était météorologiste.
    C. Il était médecin.
    D. Il était marchand de vins.

32. A. Quand son fils était malade.
    B. Quand il était allé à Bordeaux.
    C. Quand elle y arrivait avant trois heures.
    D. Quand il avait fait mauvais temps.

33. A. Il était toujours malade.
    B. Il était âgé.
    C. Il était trop affairé.
    D. Il était veuf.

34. A. Chez la bru de Mme Gabilly.
    B. Dans un autre appartement.
    C. A la campagne.
    D. Dans les faubourgs de la ville.

35. A. Il lisait.
    B. Il ronronnait.
    C. Il étudiait le latin.
    D. Il allait à la piscine.

36. A. Le chien.
    B. Le chat.
    C. Claude.
    D. Sa petite-fille.

ÉPREUVE 7

Dans cette partie vous entendrez *une fois seulement* une série de remarques. Il faut indiquer la réponse qui convient le mieux dans chaque cas.

Qui parle?

1. A. Un tailleur.
   B. Un marchand de chaussures.
   C. Un garçon de café.
   D. Un artiste.

2. A. Un prestidigitateur.
   B. Un acteur.
   C. Un assistant.
   D. Un horloger.

3. A. Un employé de banque.
   B. Un garçon de café.
   C. Un conducteur.
   D. Un contrôleur.

4. A. Un voyageur.
   B. Un auteur.
   C. Un aveugle.
   D. Un quincaillier.

5. A. Un dentiste.
   B. Un garagiste.
   C. Un garçon de café.
   D. Un passant.

6. A. Une actrice.
   B. Une musicienne.
   C. Une femme auteur.
   D. Une cantatrice.

7. A. Une femme docteur.
   B. Une femme qui fait des emplettes.
   C. Une épicière.
   D. Une voisine.

8. A. Une institutrice qui gronde un élève.
   B. Une femme qui a été le témoin d'un accident.
   C. Une diseuse de bonne aventure.
   D. Une conductrice dont l'auto vient d'être volée.

D'où vient cette personne?

9. A. D'un escalier.
   B. D'un ascenseur.
   C. De chez le médecin.
   D. De la salle d'opération.

10. A. De la consigne.
    B. Du bureau de renseignements.
    C. D'une ferme.
    D. D'une salle de bains.

11. A. D'un enterrement.
    B. D'un cinéma.
    C. D'un hôpital.
    D. D'une vedette.

12. A. D'un fleuve.
    B. D'un pont.
    C. D'un navire.
    D. D'un restaurant.

13. A. De l'imprimerie d'un grand journal.
    B. D'une papeterie.
    C. D'un café.
    D. D'un vignoble.

14. A. Du bureau des objets trouvés.
    B. D'une petite boutique.
    C. De la douane.
    D. De la parfumerie.

15. A. Du bureau de change.
    B. Du bureau de location.
    C. D'une bibliothèque.
    D. D'une librairie.

16. A. D'un match de football.
    B. D'un jardin zoologique.
    C. D'un concert.
    D. D'un poste de police.

Deuxième Partie

VOICI LA SITUATION:

Jean-Paul vient de passer un week-end à Paris avec ses camarades de classe, sous la direction d'un professeur. Quand il arrive chez lui, sa mère lui pose ces questions.

Vous entendrez les questions *une fois seulement*. Il faut choisir la bonne réponse.

17. A. Oui, surtout la salle de bain privée.
    B. Oui, nous avons reçu une pension de retraite.
    C. Non, il a fait soleil.
    D. Non, le professeur y a fait un pansement.

18. A. La scène se passe à Paris, maman.
    B. Je pense que oui, maman.
    C. C'est un fleuve magnifique.
    D. Je l'ai fait sans y penser.

19. A. Assez mal. Mais je n'ai pas oublié de prendre mes pilules.
    B. Assez mal. J'y ai vu quatre accidents.
    C. Le chauffage était superbe, maman.
    D. Mon billet de circulation a été très utile.

20. A. Oui, il vaut mieux prendre le métro.
    B. Oui, il est sans support.
    C. Non, il y a Saint-Lazare et Austerlitz.
    D. Je ne sais pas faire les problèmes.

21. A. Non, maman. Malheureusement, on y faisait grève.
    B. Non, maman. C'était un sens interdit.
    C. Mais oui, maman. Les vues sont très frappantes.
    D. Mais oui, maman. De toutes mes forces.

22. A. Oui, c'est un contrôleur superbe.
    B. Oui, il est peu sévère.
    C. Oui, il nous permettait de sortir prendre l'air.
    D. Oui, mais il fait plus de bruit que de mal.

✧

Troisième Partie

Dans cette partie vous entendrez *deux fois* deux histoires et deux séries de questions.

LA LEÇON DE GÉOGRAPHIE

23. A. Parce qu'il ne savait rien au sujet du Yorkshire.
    B. Parce qu'il était débutant.
    C. Parce que les meilleurs élèves étaient absents.
    D. Parce que Marcel Leblanc avait été insolent avec lui.

24. A. 16 ans.
    B. 30 ans environ.
    C. 18 ans.
    D. 14 ans.

25. A. Chez lui.
    B. En Angleterre.
    C. En troisième.
    D. Chez le docteur.

26. A. Parce qu'il était nerveux.
    B. Parce qu'il faisait chaud.
    C. Parce qu'il était gros.
    D. Parce qu'il était courageux.

27. A. Il avait choisi le nom d'un garçon qui était malade.
    B. Il avait choisi Leblanc, le plus méchant élève de la classe.
    C. Il avait parlé brusquement.
    D. Il avait apporté la mauvaise liste.

28. A. Un élève paresseux.
    B. Leblanc.
    C. Marcel Dubois.
    D. Le professeur.

29. A. Au bout de la première semaine.
    B. La leçon suivante.
    C. A la fin de sa carrière.
    D. Quand Leblanc s'en irait.

Voici maintenant un dialogue, suivi d'une série de questions. Vous entendrez le dialogue et les questions *deux fois*.

LE SECRET DE LA FAMILLE

Gustave Duclos et sa mère arrivent chez l'oncle Henri pour y passer le week-end. Le frère et la sœur se trouvent au salon. Écoutez leur conversation.

30. A. Pour aller à l'église.
    B. Pour acheter un pardessus pour son neveu.
    C. Parce que le déjeuner est presque prêt.
    D. Parce qu'il veut faire une petite promenade.

31. A. Parce qu'il fait du vent.
    B. Parce qu'il n'a pas de pardessus.
    C. Parce qu'il ne va pas très bien.
    D. Parce qu'il lui faut chercher quelque chose.

32. A. Elle le trouve très joli.
    B. Elle croit que l'église est belle.
    C. Elle le trouve peu intéressant.
    D. Elle n'y pense jamais.

33. A. Parce que Gustave est à Vienne.
    B. Parce que Gustave est enrhumé.
    C. Parce que Papa est dans son bureau.
    D. Parce qu'elle a peur de perdre sa fortune

34. A. En faisant le ménage.
    B. En tombant par terre.
    C. En apprenant la mort de Papa.
    D. En arrivant à la campagne.

35. A. Il était bijoutier.
    B. Il était falsificateur.
    C. Il avait fait de la contrebande.
    D. Il exploitait le scandale.

36. A. De tout dire à la police.
    B. De se suicider.
    C. De falsifier le document original.
    D. De détruire le document.

ÉPREUVE 8

Première Partie

Dans cette partie vous entendrez *une fois seulement* une série de remarques ou de courts dialogues. Dans chaque cas il faut choisir la réponse qui convient le mieux.

D'abord il faut indiquer quelles sont les personnes qui parlent.

Qui parle?

1. A. Une fille et sa maman. Elles regardent un animal dans la vitrine d'un magasin.
   B. Une fille et sa maman. Elles regardent le père qui est endormi.
   C. Une fille et sa maman. Elles regardent leur nouveau petit chat.
   D. Une fille et sa maman. Elles regardent le nouveau-né.

2. A. Un professeur et la mère d'un élève.
   B. Un fonctionnaire et une immigrante.
   C. Un médecin et une malade.
   D. Un facteur et une dame.

3. A. Une femme et son mari.
   B. Une femme et un fou.
   C. Une femme et un agent.
   D. Une femme et le directeur de sa banque.

4. A. Une cliente et une modiste.
   B. Une cliente et une parfumeuse.
   C. Une cliente et une marchande de soie.
   D. Une cliente et une manucure.

5. A. Un directeur et un professeur.
   B. Un directeur et un agent provocateur.
   C. Un père et un professeur.
   D. Un père et un agent de police.

6. A. Un monsieur et sa femme.
   B. Un monsieur et sa femme de charge.
   C. Un monsieur et une employée du bureau de tourisme.
   D. Un monsieur et une hôtesse de l'air.

7. A. Un gardien d'autos et une conductrice.
   B. Un fermier et une conductrice.
   C. Un oculiste et une cliente.
   D. Un jockey et une habituée du turf.

8. A. Un agent et une voleuse.
   B. Un monsieur et sa domestique.
   C. Un marchand et une personne endettée.
   D. Un hôtelier et une touriste.

Maintenant il faut indiquer *que va faire la personne qui parle.*

9. A. Attendre un autobus.
   B. Attendre des amis.
   C. Suivre quelqu'un.
   D. Acheter un livre de mathématiques.

10. A. Se promener un peu.
    B. Jardiner un peu.
    C. S'asseoir à la terrasse.
    D. Attraper un chaud et froid.

11. A. Aller en Angleterre.
    B. Passer une quinzaine à l'étranger.
    C. Se présenter à un examen.
    D. Acheter une bague.

12. A. Aller à l'église.
    B. Aller à la pêche.
    C. Dîner au wagon-restaurant.
    D. Servir un repas.

13. A. Célébrer une réunion.
    B. Apprendre à lire.
    C. Chasser des animaux.
    D. Acheter un cadeau.

14. A. Jardiner.
    B. Se présenter à un concours de pêche.
    C. Faire un pique-nique à la campagne.
    D. Passer une journée au bord de la mer.

15. A. Assister à une représentation de théâtre.
    B. Assister à un match de football.
    C. Visiter le jardin zoologique.
    D. Visiter l'hôpital.

16. A. Acheter un magnétophone.
    B. Acheter un nouveau téléviseur.
    C. Écouter la radio.
    D. Aller au cinéma.

Deuxième Partie

VOICI LA SITUATION:

Mme Léonardo veut passer ses vacances en Angleterre. Elle se rend au bureau de tourisme où l'employé lui pose ces questions. Il faut choisir les réponses de la dame.

Vous entendrez les questions *une fois seulement.*

17. A. Il n'y a pas de quoi, monsieur.
    B. J'ai déjà fait un somme, monsieur.
    C. De mille nouveaux francs, monsieur.
    D. Mais la Somme est en France, monsieur.

18. A. Non, j'irai au bureau de la Compagnie avant de partir.
    B. Non, j'ai une amie qui habite près de Londres.
    C. Seul un homme pourrait poser une telle question.
    D. Oui. Mon fils a décidé d'aller à Deauville cette année.

19. A. Un aller et retour, s'il vous plaît.
    B. Le pédalo. C'est beaucoup moins fatigant.
    C. L'avion. Je suis voleuse.
    D. Le bateau. Je pourrai me délasser un peu.

20. A. L'Hôtel de ville, naturellement.
    B. De premier ordre, monsieur.
    C. Je l'ai cherché partout, monsieur.
    D. Y a-t-il des hôtels-Dieu en Angleterre?

21. A. Je ne voudrais pas la quitter avant la fin de mon séjour.
    B. Du dernier jour de mes vacances, s'il vous plaît.
    C. Du quinze du mois, s'il vous plaît.
    D. Oui, avec une salle de bain privée, s'il vous plaît.

22. A. Quel est votre taux actuel?
    B. Où se trouve le commissariat, monsieur?
    C. Vous faites des commissions ici?
    D. Mais on m'a dit que cette robe me va à merveille.

23. A. Trente, s'il vous plaît. On dit que le coût de la vie est
       fort raisonnable là-bas.
    B. Un seulement. Je n'aurai pas le temps de lire.
    C. Mais il y a de bonnes librairies à Londres!
    D. En Angleterre on vend toujours à la livre.

Troisième Partie

Dans cette partie vous entendrez deux petites histoires. Chaque histoire est suivie d'une série de questions. Vous entendrez les histoires et les questions *deux fois*.

UNE JOURNÉE ENNUYEUSE

24. A. Parce qu'elle avait ennuyé son papa.
    B. Parce que tout allait mal.
    C. Parce que sa tante venait leur rendre visite.
    D. Parce qu'il lui faudrait faire un voyage.

25. A. Elle s'était déshabillée.
    B. Elle avait coupé une robe pour sa poupée.
    C. Elle avait appris une fable.
    D. Elle avait écrit à sa tante.

26. A. En invitant un ami.
    B. En lui défendant de parler.
    C. En lui rappelant de faire ses devoirs.
    D. En disant que son histoire était risible.

27. A. Parce qu'elle n'était pas très forte en histoire.
    B. Parce qu'elle avait dû écrire une lettre de remercie-
       ments.
    C. Parce que ses frères avaient fait trop de bruit.
    D. Parce qu'elle avait passé du temps à jouer avec sa
       poupée.

28. A. Parce qu'elle n'avait pas sommeil.
    B. Parce qu'elle n'aimait pas recevoir des ordres.
    C. Parce qu'elle n'avait pas commencé à faire ses devoirs.
    D. Parce qu'elle n'aimait pas les oreillers frais.

29. A. Parce qu'Yvonne s'appliquait si bien à ses études.
    B. Parce qu'Yvonne pouvait jouer au lieu de travailler.
    C. Parce qu'Yvonne serait absente pour la dictée.
    D. Parce qu'Yvonne était distraite.

LE CAHIER NEUF

30. A. Parce qu'il avait peur d'être renversé.
    B. Parce qu'il avait peur de s'embourber.
    C. Parce que les voitures étaient grandes.
    D. Parce que c'était un sens interdit.

31. A. Une motocyclette.
    B. Il en achèterait un autre.
    C. De grosses voitures.
    D. On le gronderait.

32. A. Parce que le gaz avait commencé à s'échapper.
    B. Parce que personne ne voulait l'aider.
    C. Parce qu'il avait peur du vieux monsieur.
    D. Parce qu'il avait peur des chevaux.

33. A. Un énorme camion.
    B. Une grosse voiture.
    C. Une motocyclette.
    D. Une camionnette de police.

34. A. Un énorme camion.
    B. Une grosse voiture.
    C. Une motocyclette.
    D. Une camionnette de police.

35. A. A côté du kiosque.
    B. A dix centimètres de la motocyclette.
    C. De l'autre côté de la rue.
    D. Au milieu de la chaussée.

36. A. De remplacer le cahier perdu.
    B. De chercher le cahier perdu.
    C. D'aller lui acheter quelque chose au café.
    D. De l'encourager.

ÉPREUVE 9

D'abord vous entendrez *une fois seulement* une série de remarques. Il faut décider *qui parle*. Choisissez la réponse qui convient le mieux et indiquez votre choix sur votre feuille de réponses.

Qui parle?

1. A. Le plombier.
   B. Le docteur.
   C. L'électricien.
   D. Le dentiste.

2. A. Un entrepreneur de pompes funèbres.
   B. Un client affamé.
   C. Un client qui veut boire.
   D. Un électricien.

3. A. Un garde champêtre.
   B. Un second pêcheur.
   C. Un pasteur.
   D. Un ministère.

4. A. Une musicienne.
   B. Une ouvreuse.
   C. Une marchande de meubles.
   D. Une employée du bureau de placement.

5. A. Un boulanger.
   B. Un boucher.
   C. Un marchand de légumes.
   D. Un marchand de poisson.

Maintenant il faut indiquer *de qui, ou de quoi, on aurait besoin* dans les circonstances suivantes.

Qu'est-ce qu'il vous faudrait?

6. A. Un déguisement.
   B. Une ceinture de sauvetage.
   C. Une lumière plus vive.
   D. Un abat-jour.

7. A. Une charrue.
   B. Un chariot.
   C. Des ciseaux.
   D. Un garde champêtre.

8. A. Des parapluies, des imperméables et des bonnets.
   B. Des fourchettes, des cuillers et des couteaux.
   C. Des tuiles ou des ardoises.
   D. Des arbres ombrageux.

9. A. Des raquettes et des balles.
   B. Une rivière et un bateau.
   C. Un terrain de golf.
   D. Une grande salle.

10. A. Un marteau.
    B. Un tableau.
    C. Un tournevis.
    D. Un passage clouté.

11. A. La police.
    B. Les pompiers.
    C. De l'eau rougie.
    D. Des allumettes.

12. A. Du caoutchouc.
    B. Un stylo.
    C. Une gomme.
    D. Un autre crayon.

13. A. De l'eau.
    B. Un seau.
    C. De la ficelle.
    D. Une corde.

Maintenant, indiquez *ce qu'on devrait faire* dans les circonstances suivantes.

14. A. Essayer d'arrêter l'animal.
    B. Caresser l'animal.
    C. Donner à manger à la bête.
    D. Faire venir le vétérinaire.

15. A. Se lever et se tenir immobile.
    B. Regarder et applaudir.
    C. Défendre aux enfants de jouer.
    D. Expliquer les dangers de ce jeu.

16. A. Monter en avion.
    B. Commettre un vol.
    C. Donner un pourboire au pilote.
    D. Poursuivre un homme qui se sauve.

Deuxième Partie

Vous entendrez *une fois seulement* une série de questions ou de remarques. Dans chaque cas, choisissez la réponse qui convient le mieux.

VOICI LA SITUATION:

Une mère discute avec son fils du métier qu'il va choisir.

17. A. Je ne veux pas travailler dans une carrière; il y a trop de poussière.
    B. J'aime embrasser toutes les filles.
    C. Je ne veux embarrasser personne, maman.
    D. Je désire un métier qui me rende riche.

18. A. Non, j'aime trop bien la vie des champs.
    B. Non. car je n'aime pas les moutons et les vaches.
    C. Non, je préfère l'ouvrir.
    D. Je ne lui veux pas de mal.

19. A. Non, je ne veux pas regarder les animaux morts.
    B. Mais je n'ai pas bougé.
    C. Je n'ai pas ouvert la bouche.
    D. Mais je n'ai pas de tire-bouchon.

20. A. Oui, je voudrais des tranches.
    B. Je ne veux pas être étranglé, maman.
    C. Non, je voudrais habiter près de toi.
    D. Où demeure-t-il?

21. A. Oui, je veux être avocat.
    B. Si, je voudrais être marin.
    C. A Dieu ne plaise!
    D. Oui, ils me plaisent beaucoup.

22. A. Mais le chaume est pittoresque.
    B. Si, je suis passé devant la chaumière ce matin.
    C. Non, il me faut chercher un emploi.
    D. Oui, il fait chaud.

Troisième Partie

Vous allez entendre une petite histoire suivie d'une série de questions. Vous entendrez *deux fois* l'histoire et les questions. Choisissez dans chaque cas la réponse qui convient le mieux.

LA BELLE-MÈRE FRANÇAISE

23. A. Parce qu'elle n'aimait pas les Anglais.
    B. Parce que le mari de sa fille n'était pas aimable.
    C. Parce que le mari de sa fille était catholique.
    D. Parce que le mari de sa fille demeurait si loin d'elle.

24. A. A Paris.
    B. A Bordeaux.
    C. En Bretagne.
    D. En Bourgogne.

25. A. Pour voir son fils.
    B. Pour aider sa fille.
    C. Parce qu'un bébé allait être baptisé.
    D. Parce qu'un bébé allait naître.

26. A. En bateau.
    B. En avion.
    C. En car.
    D. En hélicoptère.

27. A. 1 heure.
    B. 4 heures.
    C. 5 heures.
    D. 6 heures.

28. A. Les arbres et les prés verts.
    B. Les champs de blé mûr.
    C. La politesse des gens.
    D. La bienveillance des Anglais.

29. A. Parce qu'elle était fatiguée après le long voyage.
    B. Parce qu'elle était heureuse de revoir sa fille.
    C. Parce qu'elle regrettait la France.
    D. Parce que le jour s'était assombri.

30. A. Parce que les belles-mères sont souvent insupportables.
    B. Parce que Pauline et son mari étaient en prison.
    C. Parce que son gendre donna une party.
    D. Parce que Pauline et son mari avaient besoin d'une baby-sitter.

✧

Écoutez maintenant un autre passage, puis répondez aux questions qui suivent. Vous entendrez le passage et les questions *deux fois*.

DANS UNE ÉTRANGE ÉCOLE DE COLOMBIE

31. A. Environ 20.
    B. 36.
    C. 50.
    D. Environ 100.

32. A. Il a dix ans.
    B. Il a douze ans.
    C. Il est singulier.
    D. C'est un enfant unique.

33. A. En guenilles.
    B. Soigneusement.
    C. Chaudement.
    D. D'une façon vague.

34. A. Parce que l'instituteur l'a blessé sérieusement.
    B. Parce que les élèves travaillaient si sérieusement.
    C. Parce que le tableau noir était énorme.
    D. Parce que des enfants de quatre ans aidaient leur maître.

35. A. Des vêtements.
    B. Des jouets.
    C. Des meubles.
    D. De quoi écrire.

36. A. Rien.
    B. La religion.
    C. A jouer aux boules.
    D. A composer des menus.

ÉPREUVE 10

Première Partie

Dans cette partie vous entendrez *une fois seulement* une série de remarques ou de courts dialogues. Dans chaque cas, choisissez la réponse qui convient le mieux.

D'abord, il faut indiquer *où se passent les scènes suivantes*.

1. A. Chez le marchand de légumes.
   B. Au bureau de poste.
   C. A l'hôtel.
   D. Au bord de la rivière.

2. A. Chez le fleuriste.
   B. Chez le marchand de légumes.
   C. Chez le fruitier.
   D. Chez l'épicier.

3. A. Dans la classe de botanique.
   B. Dans la classe de cuisine.
   C. Dans la classe de chimie.
   D. Dans la classe de géographie.

4. A. Dans un pré.
   B. Dans un champ de blé.
   C. Au restaurant.
   D. Au café.

5. A. Chez le boulanger.
   B. Chez le charcutier.
   C. Au restaurant.
   D. A la bibliothèque.

Maintenant il faut indiquer ce qu'on fait dans les scènes suivantes. *Que fait-on?*

6. A. On fait la cuisine.
   B. On fait la vaisselle.
   C. On fait les vendanges.
   D. On fait la moisson.

7. A. On traverse l'Atlantique.
   B. On traverse la Manche.
   C. On joue au bord de la mer.
   D. On accompagne des parents inquiets.

8. A. On essaie d'ouvrir une boîte de sardines.
   B. On va monter en taxi.
   C. On entre dans une salle de théâtre.
   D. On arrive devant la porte d'une maison.

9. A. On téléphone.
   B. On achète une voiture.
   C. On attend une lettre.
   D. On dit au revoir à une amie.

10. A. On fait la lessive.
    B. On fait la vaisselle.
    C. On se lave.
    D. On s'habille.

11. A. On achète des fleurs.
    B. On achète des légumes.
    C. On achète des outils.
    D. On achète des meubles.

Maintenant il faut indiquer de qui ou de quoi on aurait besoin dans les situations suivantes.

De qui ou de quoi aurait-on besoin? Qu'est-ce qu'il faudrait?

12. A. Une camionnette.
    B. Une ambulance.
    C. Une autre balle.
    D. Un autre conducteur.

13. A. Un chien.
    B. Un escalier.
    C. Une corde.
    D. Une échelle.

14. A. De la monnaie.
    B. De l'argent.
    C. Un objet moins cher.
    D. Un meilleur magasin.

15. A. Un tire-bouchon.
    B. Un tournevis.
    C. Un ouvre-boîte.
    D. Un perce-neige.

16. A. Une cloche.
    B. Une horloge.
    C. Un clocher.
    D. Une pendule.

Deuxième Partie

SITUATION:

Deux Américains visitent Paris pour la première fois. Ils posent des questions à des passants bienveillants.

Vous entendrez les questions *une fois seulement*. Choisissez la réponse qui convient le mieux.

17. A. Oui, on s'accorde bien ici.
    B. Oui, chaque chose est bien à sa place.
    C. Non, il n'y a pas assez de place.
    D. Oui, à deux cents mètres.

18. A. Oui, c'est tout autour de vous.
    B. Certainement. On prend l'ascenseur.
    C. On peut faire le tour de la ville en autocar.
    D. Ce n'est pas encore votre tour.

E

19. A. Au Musée du Louvre..
    B. Nulle part ici.
    C. Voilà une dame qui rit.
    D. La terre de France est très féconde.

20. A. C'est à Avignon qu'on dansait sur le pont.
    B. Oui. Malgré son nom, il est très ancien.
    C. Mais non, c'est au moins le vingtième.
    D. Je ne sais pas. Je ne les ai jamais comptés.

21. A. Non, elle est sortie pour le moment.
    B. Non, elle est en train de balayer l'escalier.
    C. Oui, on peut brûler des cierges dans toutes les églises.
    D. Oui, on peut visiter tous les Monuments Historiques.

22. A. Près de l'Opéra.
    B. Je ne trouve que du thé.
    C. Après la guerre.
    D. On trouve beaucoup de café dans ce pays.

Troisième Partie

Voici un dialogue entre un père et sa fille. Après l'avoir entendu, il faut choisir la réponse la plus raisonnable à chacune des questions qui suivent.

Vous entendrez *deux fois* le dialogue et les questions.

UN PÈRE LIT LE BULLETIN TRIMESTRIEL DE SA FILLE

23. A. Parce qu'il n'était pas bon cette fois.
    B. Parce qu'Anne l'avait caché.
    C. Parce que la directrice avait été malade.
    D. Parce qu'Anne avait eu mal à la gorge.

24. A. Il y a une semaine.
    B. Depuis une semaine.
    C. Depuis une quinzaine de jours.
    D. Pendant huit jours.

25. A. Parce qu'il était dans une longue enveloppe.
    B. Parce que le coupe-papier fonctionnait mal.
    C. Parce qu'elle avait une mauvaise note en histoire.
    D. Parce qu'elle avait mal à la jambe.

26. A. Que quelqu'un s'était trompé.
    B. Que sa fille était stupide.
    C. Que sa fille avait triché.
    D. Que c'était juste.

27. A. Parce qu'elle était émue par la sympathie de son père.
    B. Parce qu'elle avait mal à la jambe.
    C. Parce qu'elle avait triché.
    D. Parce que son professeur d'allemand l'avait blâmée.

28. A. Elle n'aimait pas Anne.
    B. Elle avait la grippe.
    C. Elle avait mal à la gorge.
    D. C'était la mère de Marie.

29. A. Parce qu'elle avait le corps faible.
    B. Parce que sa mère était professeur.
    C. Parce qu'elle voulait aller à l'étranger.
    D. Parce qu'elle voulait faire des ennuis à Anne.

30. A. Parce qu'elle plaignait la mère de son amie.
    B. Parce qu'elle détestait la mère de son amie.
    C. Parce qu'elle avait peur de son père.
    D. Parce qu'elle s'est tue.

Voici maintenant une petite histoire, suivie de quelques questions. Vous entendrez l'histoire et les questions *deux fois*.

UN BÉBÉ BOIT DU PARFUM

31. A. Elle était contente.
    B. Elle était mécontente.
    C. Elle était en extase.
    D. Elle trouvait son mari mou.

32. A. Un chapeau ou une robe.
    B. Du parfum.
    C. Des choses utiles pour faciliter le ménage.
    D. Des choses inutiles pour amuser sa femme.

33. A. Georges.
    B. Jules.
    C. La femme de Georges.
    D. La vendeuse.

34. A. Très cher.
    B. Bon marché.
    C. Ravissant.
    D. De mauvais goût.

35. A. Huit mois.
    B. Dix mois.
    C. Un an et demi.
    D. Deux ans et demi.

36. A. Dans la cuisine.
    B. Dans la salle à manger.
    C. Dans le vestibule.
    D. Au salon.

37. A. Parce qu'il aimait son ours en peluche.
    B. Parce qu'il aimait manger de la dinde.
    C. Parce qu'il était ivre.
    D. Parce qu'il était blessé à la figure.

38. A. La mère perdit la raison.
    B. L'enfant mourut.
    C. Le mari décida d'acheter encore du parfum à
       l'avenir.
    D. Le mari décida d'acheter un cadeau plus utile à
       l'avenir.

PART TWO

Reading Tests

ÉPREUVE 1

Voici une série de situations. Choisissez la remarque qui convient le mieux dans chaque cas.

Après la description de chaque situation, vous trouverez devant vous quatre réponses. Il faut choisir la réponse qui vous semble la plus raisonnable.

Par exemple, vous pourriez lire :

Un matin un garçon rencontre dans la rue un ami de son père. Il lui dit :

A. Au revoir, papa.
B. Bonjour, monsieur.
C. Bonsoir, mon ami.
D. Bonne nuit, monsieur.

Vous choisiriez naturellement la réponse **B**.

Dans chaque cas, indiquez votre choix sur votre feuille de réponses.

Choisissez bien !

1. *Mme Mauclaire fait des emplettes dans un grand magasin. Elle demande à la vendeuse l'heure de la fermeture. La jeune fille répond :*
   A. Dans trente-cinq minutes.
   B. Il y a une heure.
   C. Dans une quinzaine.
   D. Il est six heures.

2. *Le petit Henri pêche à la rivière. Au bout de deux heures le jeune pêcheur dit à son camarade :*
   A. Paul, je crois que j'ai péché !
   B. Paul, je crois que j'ai pêché une truite !
   C. Paul, ma canne à pêche est au lycée !
   D. Paul, on m'a donné un poisson d'avril !

3. *Mme Leblanc consulte son médecin. Après avoir examiné sa malade, ce monsieur lui dit :*
   A. Vous avez une petite grippe, madame.
   B. Vous avez été reçue à votre examen, madame.
   C. Il faut que je vous fasse passer un examen de médecine, madame.
   D. Je vais me jeter à vos pieds, madame.

4. *Mathurin demande un ticket de quai au guichet où on lui répond :*
   A. Il faut changer à Bordeaux, monsieur.
   B. C'est direct, monsieur.
   C. Voilà le distributeur automatique, monsieur.
   D. Voici un billet doux, monsieur.

5. *M. Legros cherche à garer son auto. Un passant lui dit :*
   A. Il y a une gare à trois kilomètres d'ici.
   B. Il faut stopper aux feux rouges.
   C. Il y a un parking en face du cinéma.
   D. Là-bas, sur le passage à niveau.

6. *M. Dupont a demandé la carte du jour au garçon. Celui-ci lui répond :*
   A. Nous n'en avons pas. Le café est complet.
   B. Par ici, s'il vous plaît, monsieur.
   C. Il faut que papa donne sa permission.
   D. La voilà, monsieur.

7. *« Où voulez-vous vous asseoir ? » demande-t-on au bureau de location du théâtre. Après avoir réfléchi, Henriette répond :*
   A. Derrière les rideaux, s'il vous plaît.
   B. Au milieu du rang, s'il vous plaît.
   C. Au buffet seulement, s'il vous plaît.
   D. Derrière un géant, s'il vous plaît.

8. *Un passant demande à Jean le chemin le plus court pour aller au marché. Le garçon lui répond :*

A. Ralentissez votre marche.

B. Vous pourriez prendre l'ascenseur.

C. Prenez l'escalier roulant.

D. Le métro vous y mènera.

9. « *Vous désirez, monsieur?* » *demande le coiffeur à M. Lejeune. Celui-ci lui répond:*

   A. Je veux être coiffé d'un beau chapeau.

   B. Je vais m'arracher les cheveux.

   C. Mon filet à cheveux est déchiré.

   D. Les cheveux seulement. Ne coupez pas trop court.

10. *Suzanne écoute un disque populaire. Son papa, qui n'aime pas la musique moderne, entre et dit à sa fille:*

    A. Ces hommes-là chantent comme des anges!

    B. Ce sont des voyous qui chantent comme des grenouilles!

    C. Ça ressemble à des rossignols!

    D. Ça ressemble à une symphonie en trois mouvements!

11. *Richard arrive à la gare en courant.* « *Est-ce que le train est déjà parti?* » *crie-t-il. Il reçoit la réponse:*

    A. Non, il vous reste un quart d'heure.

    B. Non, il est parti il y a longtemps.

    C. Oui, dans deux minutes.

    D. Vous êtes en train de courir.

12. *Les Dubois descendent à un hôtel situé au bord de la mer. Le propriétaire dit à Mme Dubois:*

    A. De qui descendez-vous?

    B. La plage est à dix kilomètres d'ici.

    C. Voici du courrier pour vous, madame.

    D. Réveillez-moi demain à sept heures.

13. *Il y a une tache d'encre sur le cahier de Paul. Son professeur s'écrie:*

    A. Tu écris toujours sans soin!

    B. Cherche un encrier tout de suite!

    C. Paresseux!

    D. Tâche de le faire tout de suite!

14. *Un cambrioleur sort d'une maison avec son butin et trouve un gendarme qui l'attend. Le cambrioleur dit:*
    A. Je regrette, mais il faut vous prendre.
    B. Qui m'a vendu? Je vais le tuer.
    C. Est-il défendu d'afficher ici?
    D. Où est votre carte d'identité?

15. *Mme Dupont fait des emplettes. Chez l'épicier elle demande du café moulu. On lui répond:*
    A. Nature ou crème, madame?
    B. Au lait ou noir, madame?
    C. Mon moulin à café est cassé, madame.
    D. Il faut que vous cherchiez un bon restaurant.

Deuxième Partie

Lisez avec soin le passage suivant. Puis répondez aux questions de la manière qui convient le mieux.

UNE RAFLE DE BIJOUX

Quatre individus masqués et armés ont attaqué, hier matin, une bijoutière, Mme Marie Lenoir, 40 ans, dans son magasin, rue de la Poissonnière. Après avoir blessé la commerçante, les malfaiteurs ont fait main basse sur plusieurs plateaux de bijoux dans la vitrine — bagues et bracelets — dont le montant peut être évalué à 50.000 francs.

Comme chaque matin, Mme Lenoir procédait au nettoyage de la boutique. Elle avait levé le rideau de fer. Il était sept heures. La bijouterie est ouverte à la clientèle vers huit heures. Mais si à cette heure la rue de la Poissonnière, voie à sens unique, est relativement déserte, les magasins sont néanmoins ouverts.

Un des bandits, au volant d'une Dauphine, bloqua la chaussée à l'angle de la rue des Ormes. Une seconde Dauphine s'arrêta devant la bijouterie. Deux hommes en descendirent. L'un, de l'extérieur, brisa la vitrine. L'autre pénétra dans la bijouterie et frappa Mme Lenoir à coups de crosse de pistolet sur la tête. En quelques secondes, les individus vidèrent la devanture.

Avant même le départ des malfaiteurs, la gérante de la boulangerie-pâtisserie située sur l'autre trottoir téléphona à police-secours. Mais il était déjà trop tard quand les inspecteurs arrivèrent sur place. Les quatre bandits étaient disparus.

(D'après « Le Figaro », mai 1967.)

Questions :

16. *Que faisait Mme Lenoir quand les bandits arrivèrent à la bijouterie ?*
    A. Elle lavait le plancher.
    B. Elle levait le rideau de fer.
    C. Elle ouvrait la boutique.
    D. Elle faisait sa toilette.

17. *A quoi servait le rideau de fer ?*
    A. A fermer la porte.
    B. A nettoyer la boutique.
    C. A étaler les bijoux.
    D. A protéger les bijoux.

18. *Pourquoi y avait-il peu de voitures dans la rue de la Poissonnière ?*
    A. Parce qu'une Dauphine bloquait l'entrée.
    B. Parce que c'était une voie à sens unique.
    C. Parce que les bandits arrivèrent avant les heures d'affluence.
    D. Parce que les magasins étaient néanmoins ouverts.

19. *Combien de bandits restèrent dans la voiture qui s'arrêta devant la bijouterie ?*
    A. Un.
    B. Deux.
    C. Trois.
    D. Quatre.

20. *Où se trouvait la boulangerie-pâtisserie?*
   A. A côté de la bijouterie.
   B. En face de la bijouterie.
   C. A la Place de la Poissonnière.
   D. Dans la rue des Ormes.

Voici un autre passage. Lisez-le avec soin, puis répondez aux questions qui le suivent. Pour chaque question vous trouverez quatre réponses; choisissez celle qui vous semble la plus raisonnable.

ENTREVUE AVEC UNE VEDETTE CÉLÈBRE

Elle a passé le week-end à Paris pour y rencontrer des amis, pour le plaisir de se retrouver dans son appartement de l'avenue Foch, et surtout pour savourer un baba au rhum dont, paraît-il, sa cuisinière connaît seule le secret.

— J'avais décidé de me reposer avant d'entreprendre le seize août l'adaptation cinématographique d'une comédie musicale qui connaît actuellement un grand succès à Broadway. Mais, au festival de Cannes, un jeune réalisateur anglais de la télévision m'a fait lire une comédie et je n'ai pu résister au plaisir de la tourner. Nous avons commencé la semaine dernière à Londres à tourner « Le Secret de Mrs. Smith ».

— Mrs. Smith, c'est vous?

— Mais oui, mon ami. Cette dame est mariée à un policier un peu trop occupé par ses affaires. Un jour se présente à la maison un jeune homme qui dit qu'il est venu réparer la machine à coudre. En réalité c'est un fugitif. La dame apprend son secret et croit qu'il est innocent. Elle le cache trois années durant dans un grenier. Ils sont très heureux comme ça. Le jeune homme a le temps de lire et de s'instruire. Il apprend notamment « comment faire fortune à la Bourse ». Par malheur le couple déménage ensuite et gagne Hollywood, cité sans grenier. Le fugitif supportera-t-il de vivre dans la cave? Le plus drôle c'est que cette comédie s'inspire de la réalité...

21. *Pourquoi est-ce que la vedette est revenue à Paris?*
    A. Parce qu'elle allait y entreprendre un film.
    B. Parce qu'elle avait envie de manger un gâteau tout spécial.
    C. Parce qu'elle voulait apprendre le secret de sa cuisinière.
    D. Parce qu'elle désirait retrouver son appartement perdu.

22. *Où est-ce qu'elle allait tourner la comédie de télévision?*
    A. A Cannes.
    B. A Paris.
    C. A Broadway.
    D. A Londres.

23. *Pourquoi est-ce que Mr. Smith ignorait la présence du fugitif?*
    A. Parce que sa femme avait caché ce dernier dans le grenier.
    B. Parce que ce n'était pas son affaire.
    C. Parce qu'il fallait réparer la machine à coudre.
    D. Parce que sa femme était heureuse comme ça.

24. *Que faisait le fugitif dans le grenier?*
    A. Il réparait la machine à coudre.
    B. Il faisait des bourses.
    C. Il étudiait la haute finance.
    D. Il jouait à cache-cache.

25. *Quelle difficulté aurait-il après le déménagement?*
    A. Le jeune homme n'aurait pas le temps de s'instruire.
    B. Le fugitif ne pourrait pas se cacher dans un grenier.
    C. Le couple ne pourrait pas supporter la vie là-bas.
    D. Le couple aurait gagné Hollywood.

✧

Voici maintenant un troisième passage. Après l'avoir lu, choisissez la réponse qui convient le mieux dans chaque cas.

LES AGENTS N'OUBLIENT JAMAIS...

Un touriste américain nous fait part de la pénible aventure qu'il vient de vivre dans notre pays.

Le dix mai dernier, des gendarmes sont venus l'arrêter dans son hôtel, à Paris, car il était accusé d'avoir omis de régler une amende douanière, vieille de dix ans.

L'amende ne fut pas payée. Le temps passa et, l'ayant oubliée, M. Grant revint en France cette année. Mais la justice veillait. Le coupable fut, dit-il, « amené au dépôt, dans un sous-sol du Palais de Justice sentant le Moyen Age. » Quatre heures après, pour le mener devant le procureur, « un gendarme me passa les menottes comme si j'étais un criminel... »

Malgré sa proposition de régler l'amende dans les deux heures, si on le laissait sortir accompagné d'un gendarme, M. Grant fut mis en prison, emmené à Fresnes dans « des petites cages pas dignes de transporter même des bêtes. Puis on me prit mes empreintes digitales, on me doucha et j'ai été emmené en cellule : cinq personnes dans un petit espace... »

Notre correspondant s'indigne ensuite des conditions de détention.

« Autre humiliation : la coupe forcée de mes cheveux. J'ai enfin été libéré au bout de deux jours, lorsque mes amis ont payé l'amende pour moi. La France a beaucoup fait pour écraser l'amour que j'avais pour elle. »

(D'après « Le Figaro », juin 1967.)

26. *Quel crime l'Américain avait-il commis?*
    A. Il avait attaqué une vieille il y a dix ans.
    B. Il avait vécu en France sans permission.
    C. Il avait oublié de payer une amende.
    D. Il était revenu en France sans passeport.

27. *Pourquoi est-ce qu'on lui passa les menottes?*
   A. Pour l'empêcher de voir le procureur.
   B. Pour le protéger contre les bêtes.
   C. Pour l'empêcher d'attaquer les gendarmes.
   D. Pour l'amener au Palais de Justice.

28. *Qu'est-ce que M. Grant offrit de faire?*
   A. De faire une proposition.
   B. De payer la somme d'argent.
   C. De sortir à deux heures.
   D. D'avouer son crime devant le procureur.

29. *Pourquoi se plaignit-il de sa cellule?*
   A. Parce que la douche était trop petite.
   B. Parce que trop de monde l'occupait.
   C. Parce que les bêtes essayaient de l'attaquer.
   D. Parce qu'on lui avait pris les empreintes digitales.

30. *Quand est-ce qu'on le laissa partir?*
   A. Après le règlement de sa dette.
   B. Après les plaintes de ses amis.
   C. Après la publication de sa lettre.
   D. Après l'écrasement.

ÉPREUVE 2

Première Partie

Voici une série de situations. Choisissez la remarque qui convient le mieux dans chaque cas.

1. *Maman trouve que Marie est enrhumée. Elle dit à sa fille:*
   A. Il faudra te coucher tout de suite.
   B. Méchante!
   C. Tu aurais dû aller à la piscine.
   D. Tu devras aller chez le dentiste.

2. *En faisant l'ascension d'une haute montagne, l'alpiniste dit à ses camarades:*
   A. Nous aurions dû prendre l'ascenseur.
   B. Nous aurions dû apporter une corde.
   C. Cet escalier va être trop raide.
   D. Cette échelle n'est pas assez forte.

3. *Chez son tailleur, M. Gide demande un complet. Le marchand répond:*
   A. Préférez-vous des chaussures noires?
   B. Le magasin est déjà complet, n'est-ce pas?
   C. Quelles étoffes y a-t-il, monsieur?
   D. Fait sur mesure, monsieur?

4. *L'avion aurait dû atterrir quelques minutes auparavant. L'hôtesse explique aux passagers:*
   A. Le pilote est descendu depuis quelques minutes.
   B. Il y a du brouillard. On va tarder un peu.
   C. On peut débarquer maintenant.
   D. Nous allons décoller tout de suite.

5. *Henri explique au contrôleur qu'il a perdu son billet. Le contrôleur le regarde et lui dit:*

    A. Tout le monde descend!
    B. En voiture, s'il vous plaît!
    C. Voilà le signal d'alarme.
    D. Il faudra que je consulte mon supérieur.

6. « *Est-ce que vous avez des billets pour samedi prochain?* » *demande Marie en arrivant au bureau de location. Elle reçoit la réponse:*
    A. Je regrette, mais il faut les acheter d'avance, mademoiselle.
    B. Au vestiaire, mademoiselle.
    C. Je regrette, mais le théâtre sera absolument complet.
    D. Aujourd'hui on a donné la première.

7. *Marcel vient de manquer le train.* « *Combien de temps dois-je attendre?* » *demande-t-il au porteur, qui lui répond:*
    A. Une demi-heure.
    B. Une fois seulement.
    C. Depuis un quart d'heure.
    D. Au bout d'une demi-heure.

8. *Mme Dubois va se plaindre au propriétaire de son hôtel. Le monsieur lui répond:*
    A. Il est fort à plaindre.
    B. Merci, madame, vous êtes bien aimable.
    C. Mais, madame, notre service est épouvantable.
    D. Mais, madame, je suis désolé d'apprendre cela.

9. *Chez le papetier, le jeune Robert demande du papier buvard. Le marchand lui demande:*
    A. Veux-tu envelopper quelque chose?
    B. Voudrais-tu de l'encre aussi?
    C. Tu as soif, mon petit?
    D. Es-tu buveur, mon ami?

10. *Henri vient de rentrer à la maison. En voyant sa femme il lui pose cette question:*
    A. Est-ce qu'on a téléphoné pour moi?
    B. Est-ce par ici qu'on arrive au jardin?
    C. Puis-je louer une chambre?
    D. Pourriez-vous me donner des renseignements?

11. *Le garçon vient de demander un jour de congé à son patron. Le vieux monsieur lui dit:*
   - A. Pourvu que tu sois ici toute la journée.
   - B. Pourvu que tu restes au bureau avec moi.
   - C. Cela dépend. Vas-tu quelque part avec ta famille?
   - D. Cela dépend. Es-tu en congé?

12. *Après avoir fouillé la malle d'un jeune homme, le douanier lui demande:*
   - A. Voulez-vous porter ces bagages à un taxi?
   - B. Quand avez-vous acheté votre montre?
   - C. Où se trouve la douane, s'il vous plaît?
   - D. Voulez-vous ouvrir votre malle, monsieur?

13. *M. Bonnefoi demande dix litres d'essence au pompiste. Celui-ci répond:*
   - A. Il faut regarder votre permis de conduire.
   - B. Cette pompe-là est cassée, monsieur.
   - C. Moi, je préfère le pétrole.
   - D. Voilà la pompe à incendie.

14. *Au débit de tabac le marchand répond à M. Dubois, qui vient de lui demander des cigares très doux:*
   - A. Pouvez-vous changer un billet de cent francs?
   - B. Je vais vous débiter cinquante francs.
   - C. Je n'en ai pas, mais j'ai du bon tabac dans ma blague.
   - D. Je n'en ai pas, mais j'ai des cigarettes qui y ressemblent beaucoup.

15. *Mme Dubois demande au garçon si le service est compris. Le garçon répond:*
   - A. Oui, madame, mais on peut quand même laisser un petit quelque chose.
   - B. Non, il est superbe, madame.
   - C. Oui, on va vous servir tout de suite, madame.
   - D. Je vais chercher un interprète pour vous l'expliquer, madame.

Deuxième Partie

Lisez avec soin le passage suivant. Puis répondez aux questions ou complétez les phrases de la manière qui convient le mieux.

UNE AFFAIRE MYSTÉRIEUSE

Quand Marie pénétra dans la chambre, elle fut surprise de ne pas trouver Colette, dont le lit n'était pas défait. Puis, alors qu'elle commençait à se déshabiller, elle remarqua que la porte de son placard était ouverte. Sa première pensée fut que Colette avait emprunté une fois de plus une de ses robes. Or, aucune robe ne manquait. Ce qui avait disparu, c'était la paire de chaussures de soirée, à talons très hauts, que Marie avait achetée quelques semaines plus tôt à l'occasion d'un bal.

Elle vit que rien ne manquait dans le placard de Colette qui, par conséquent, portait les mêmes vêtements que l'après-midi, une jupe en laine bleu marine et un sweater rouge. N'était-il pas difficile de croire, malgré tout son mauvais goût, qu'elle était sortie en sweater rouge et en souliers de soirée?

D'ailleurs, son manteau était là, et son sac à main aussi.

Marie ouvrit la porte pour regarder dans le couloir et, juste à ce moment, Colette sortit de la chambre de maman, plus pâle que d'habitude. Elle portait les fameux souliers à la main.

(D'après GEORGES SIMENON: *Un Nouveau dans la ville.)*

16. *Quand est-ce que Marie pensa que Colette avait emprunté une de ses robes?*
    A. Quand elle vit que la porte était placardée.
    B. Quand elle vit qu'aucun placard ne lui manquait.
    C. En voyant son placard.
    D. En ouvrant son placard.

17. *Qu'est-ce que Colette avait emprunté à sa sœur?*
    A. Rien.
    B. Tout ce qu'elle portait à ce moment-là.
    C. Une paire de talons.
    D. Une paire de souliers.

18. *Colette était allée*
    A. au bal.
    B. parler à sa mère.
    C. chercher son manteau.
    D. au lit.

19. *Pourquoi était-il peu probable que Colette fût sortie?*
    A. Elle aurait été peu élégante.
    B. Elle était très pâle.
    C. Elle n'aimait pas danser.
    D. Elle n'avait point de chaussures.

20. *Colette portait*
    A. une tenue de soirée.
    B. un manteau et un sac à main.
    C. un sweater et une jupe.
    D. une chemise de nuit.

✧

Voici un autre passage. Après l'avoir lu attentivement, complétez les phrases qui suivent de la façon qui vous semble la plus raisonnable.

SCÈNE D'HIVER

A minuit il y en avait déjà une couche épaisse sur le sol, mais les pas se dessinaient en noir. Cela avait continué et il en était tombé plus de dix centimètres. Le jour s'était levé sur une ville blanche, silencieuse.

Il n'y avait pas un souffle de brise. De fins flocons tombaient encore par-ci par-là. Sur le ciel, des fumées montaient paisiblement de toutes les cheminées.

Parce que c'était dimanche, un peu avant huit heures, la plupart des boutiques avaient leurs volets fermés. Cependant, on servait déjà des petits déjeuners dans la « cafeteria » du coin.

Des cloches sonnaient, de l'autre côté de la rivière. C'étaient celles de la petite église catholique, toujours la première à appeler ses rares fidèles, et on voyait quelques silhouettes froides se rendre à la messe. Dans les temples protestants, les services n'avaient lieu que plus tard, à dix heures.

C'était maintenant, dans la plupart des maisons, le moment du petit déjeuner, du café, des pantoufles et des robes de chambre, des disputes pour la salle de bains.

(D'après GEORGES SIMENON: *Un Nouveau dans la ville.)*

21. *Au petit jour on voyait partout*
    A. des faux pas.
    B. des épais couchés.
    C. de la neige.
    D. des empreintes digitales.

22. *En haut on voyait*
    A. de la fumée.
    B. une « cafeteria ».
    C. quelques silhouettes.
    D. des pas noirs.

23. *On n'entendait que le son*
    A. que faisaient les cloches.
    B. que faisait le jour qui se levait.
    C. que faisait le vent.
    D. que faisaient les volets fermés.

24. *Dans cette ville la plupart des habitants étaient*
    A. des silhouettes.
    B. de rares fidèles.
    C. catholiques.
    D. protestants.

25. *Chez les familles*
    A. on se rendait à la messe.
    B. on se rendait au travail.
    C. on venait de se lever.
    D. on venait de se dresser.

Après avoir lu le passage suivant complétez les phrases qui suivent de la manière qui convient le mieux.

UNE HISTOIRE TRISTE

Müller parlait d'un ton bas et sans inflexions. Six ans auparavant, sa voix avait été belle. Les jours et les mois l'avaient brisée et privée de chaleur. Il disait :

— Je suis arrivé au Brésil en 1946, l'un des premiers émigrants de ma nationalité. Je n'ai pas honte d'être Allemand, je suis fier de mon pays d'origine, mais j'ai beaucoup souffert des nazis. Mes parents — nous habitions Berlin — ont recueilli et abrité des juifs. Au bout de deux ans, ils furent dénoncés. Ma mère mourut en camp de concentration, je n'ai jamais su ce qu'était devenu mon père. Enrôlé de force dans la Jeunesse Hitlérienne, à seize ans, je fus versé dans l'infanterie. Je refusai de me battre pour les assassins de mes parents. Je désertai. Repris avec deux autres, nous fûmes collés contre un mur par les S.S. Je tombai sur les corps de mes deux camarades. On me laissa pour mort. C'était en mai 1945 ; les troupes américaines avançaient. Deux heures après l'exécution, elles entrèrent dans le village en ruine. J'implorai leur secours, je levai vers eux mon visage en sang. Une balle m'avait touché près de la tempe. Les Américains eurent pitié, ils me crurent et me firent hospitaliser.

26. *Müller naquit*
    A. au Brésil.
    B. en France.
    C. en camp de concentration.
    D. en Allemagne.

27. *Ses parents furent pris par les nazis*
   A. parce qu'ils s'étaient mis à l'abri.
   B. parce qu'ils avaient aidé des victimes de la persécution.
   C. en camp de concentration.
   D. chez des juifs.

28. *Müller déserta*
   A. parce qu'il voulait se battre pour les assassins de ses parents.
   B. parce que les nazis avaient tué ses parents.
   C. pour s'enrôler dans la Jeunesse Hitlérienne.
   D. pour se battre contre les ennemis de son pays.

29. *Les nazis tuèrent*
   A. deux déserteurs.
   B. les S.S.
   C. Müller et deux autres.
   D. des troupes américaines.

30. *Müller fut blessé*
   A. à la tête.
   B. au corps.
   C. au pied.
   D. à l'épaule.

ÉPREUVE 3

Voici une série de situations. Choisissez la remarque qui convient le mieux dans chaque cas.

1. *M. Lenoir vient dîner chez un ami. Avant de manger, celui-ci lui dit :*
   A. A ta santé, Richard!
   B. Bon appétit, mon ami!
   C. As-tu bien mangé?
   D. Veux-tu manger à la carte?

2. *Mme Lenoir vient d'entrer dans une boulangerie-pâtisserie. La vendeuse lui dit :*
   A. Ces tomates sont bon marché.
   B. Nos croissants sentent l'humidité.
   C. Je peux recommander les cerises.
   D. Ces tartes sont épatantes.

3. *La conductrice a enfoncé une vitrine. Le marchand s'écrie :*
   A. Je vais téléphoner à la police tout de suite.
   B. Voilà un étalage intéressant.
   C. Vous désirez, madame?
   D. Défense de stationner, madame.

4. *Le douanier vient de trouver un bijou de valeur caché sous le chapeau d'un vieux monsieur. Il dit au voyageur :*
   A. Ça, c'est exempt de droits de douane, monsieur.
   B. Il y a une bijouterie là-bas, près du café.
   C. Veuillez m'accompagner chez mon supérieur.
   D. Cela vous va à merveille, monsieur.

5. *Le maître de géographie parle au directeur de l'école.*
   Un garçon vient de lui lancer une boule de neige à la tête.
   Le maître dit:
   A. C'est un paresseux. Il ne fait rien.
   B. C'est un imbécile. Il ne sait rien.
   C. C'est un effronté. Il est insolent avec moi.
   D. C'est un bonhomme de neige. Il est dans la cour.

6. *Jean arrive chez lui avec un jeune ami. En entrant dans la*
   maison celui-ci dit à la mère:
   A. A bientôt, madame.
   B. Veuillez vous asseoir, madame.
   C. Merci de votre aimable invitation, madame.
   D. Bonne nuit, madame.

7. *Michel demande au libraire un roman passionnant. Le*
   marchand dit:
   A. Quel est ton romancier favori?
   B. Je n'aime pas les chiffres romains.
   C. Je n'ai pas de livres sur Rome.
   D. Es-tu un passionné de musique?

8. *Le chauffage de l'hôtel ne fonctionne pas. Le propriétaire*
   explique aux clients:
   A. Il faudra chercher un fonctionnaire.
   B. Il est si paresseux.
   C. On peut se déshabiller.
   D. Malheureusement, le charbonnier n'est pas arrivé
      aujourd'hui.

9. *Alphonse vient d'arriver à la gare où il trouve que son train*
   est parti il y a un quart d'heure. Il se dit:
   A. J'ai dû partir de bonne heure.
   B. J'aurais dû partir plus tôt.
   C. Je devrai partir tout de suite.
   D. Je devrai partir dans quinze minutes.

10. *M. Meursault demande à sa femme si elle veut voir un film. Elle répond:*
    A. Qu'est-ce qu'on joue?
    B. Y a-t-il une sortie de secours?
    C. L'appareil photographique est cassé.
    D. Il faudra le voir pendant l'entr'acte.

11. *Louise demande au bureau de renseignements quel est le meilleur train pour aller à Paris. On lui répond:*
    A. Un aller et retour, deuxième classe.
    B. Le trajet par Bordeaux est plus long.
    C. Il faut acheter un ticket de quai.
    D. Voici l'horaire d'été.

12. *Marianne ne peut trouver l'appartement de ses amis. Elle sait qu'ils demeurent au rez-de-chaussée. Un passant lui dit:*
    A. Il faudra prendre l'escalier.
    B. Il faudra demander à la concierge.
    C. Il faudra vous chausser.
    D. Il faudra prendre l'ascenseur.

13. *Dans le compartiment d'un train M. Polisson demande à une vieille dame si elle veut que la glace soit levée. Elle lui répond:*
    A. Non, monsieur. A la vanille.
    B. Non, monsieur. Je n'aime pas les glaces.
    C. Oui, monsieur. Ma valise est très lourde.
    D. Oui, monsieur. Je n'aime pas les courants d'air.

14. *On trouve le chasseur étendu par terre. En se levant il dit à ceux qui l'ont trouvé:*
    A. Je suis tombé sur un ours en peluche.
    B. J'ai perdu connaissance.
    C. On m'a chassé à coups de pied.
    D. J'ai parié sur un cheval.

15. *Quand Jean revient à l'école son maître lui demande s'il est tout à fait remis. L'élève répond:*

A. Non, monsieur. J'ai un peu mal à la tête.
B. Non, monsieur. J'ai besoin d'un cahier.
C. Je ne sais pas. Peut-être au lit.
D. Je ne sais pas. Peut-être chez le docteur.

◇

Deuxième Partie

Dans cette partie vous devez lire attentivement un certain nombre de passages. Après avoir lu chaque passage il faut choisir la meilleure façon de répondre aux questions ou de compléter les phrases qui suivent.

UN INCONNU ARRIVE

Dubois était assez petit. Il paraissait la cinquantaine, et quelque chose de peu soigné dans sa personne faisait penser qu'il devait être célibataire.

Il était vêtu d'un complet bleu marine et de souliers trop fins pour cette région-là. Son pardessus marron était trop léger aussi pour le nord.

Toutes les personnes qui se tenaient devant le comptoir hésitaient et regardaient l'inconnu avec froideur. Ce fut Rouet qui rompit le silence, se penchant sur son voisin, expliquant:

— Dans mon pays...

Il en était toujours ainsi quand il avait bu. Il allait dévider des souvenirs sur ses montagnes natales, là-bas, quelque part dans l'est de l'Europe. On ne l'écoutait pas mais cela paraissait lui être égal.

De temps en temps il se tournait vers Maréchal et lui faisait signe de remplir son verre.

La musique s'était arrêtée, et Maréchal, comme il le faisait toujours à l'heure des nouvelles, tournait les boutons de la radio. Il voulait savoir si l'on avait pris le meurtrier.

(*D'après* GEORGES SIMENON: *Un Nouveau dans la ville.*)

16. *Dubois n'avait pas l'air d'être marié*
    A. parce qu'il était tout seul.
    B. parce qu'il n'était pas habillé avec soin.
    C. parce qu'il avait cinquante ans.
    D. parce qu'on le regardait avec froideur.

17. *Dubois aurait bientôt froid*
    A. parce qu'il portait un pardessus marron.
    B. parce qu'on le regardait froidement.
    C. parce que son pardessus était peu épais.
    D. parce qu'il neige souvent dans l'est de l'Europe.

18. *Quand Rouet était ivre*
    A. il était près de la mort.
    B. il écoutait la musique.
    C. il parlait de l'égalité.
    D. il parlait de son pays natal.

19. *Quand personne ne semblait vouloir l'écouter, Rouet*
    A. rompait le silence.
    B. parlait de ses montagnes natales.
    C. refusait de boire.
    D. n'y faisait aucune attention.

20. *De profession, Maréchal était*
    A. garçon de comptoir.
    B. meurtrier.
    C. agent de police.
    D. ingénieur de radio.

UN CAMBRIOLAGE

PAUL : Tu sais ce qui s'est passé chez Lefèvre ?

ROGER : On l'a cambriolé peut-être ?

PAUL : Oui. Hier soir. On n'a pas essayé d'ouvrir le coffre-fort, où il n'y a jamais, la nuit, que de vieilles montres et quelques bijoux anciens sans grande valeur. La porte n'a pas été forcée et on n'a pas touché à la devanture. J'étais dans ma cour, à côté, quand les détectives discutaient du crime dans l'allée. D'après eux, le voleur s'est introduit par une lucarne, plus exactement par un simple trou d'aération qui se trouve à une dizaine de pieds du sol. Même en grimpant sur une des poubelles qui encombrent l'allée, un homme ne peut atteindre le trou, et surtout il ne pourrait s'y introduire, faute de passage suffisant. C'est pourtant par là, paraît-il, que le cambrioleur est passé. Pour remonter, de l'intérieur, il savait probablement trouver une échelle pliante dans le magasin.

ROGER: Qu'est-ce qu'on a volé?

PAUL: Une demi-douzaine de revolvers et des cartouches. On a choisi des armes de valeur, des automatiques. Une serviette en cuir a disparu aussi.

(D'après GEORGES SIMENON: *Un Nouveau dans la ville.)*

21. *Paul demeurait*
   A. devant le magasin.
   B. dans une allée.
   C. à côté du magasin.
   D. dans une cour.

22. *Dans l'allée on avait mis*
   A. des poubelles
   B. des détectives.
   C. une échelle pliante.
   D. une lucarne.

23. *Il était difficile de pénétrer dans le magasin*
   A. parce que le coffre-fort était fermé.
   B. parce que l'allée était encombrée de poubelles.
   C. parce qu'il y avait des détectives dans l'allée.
   D. parce que le trou était très haut.

24. *Pour sortir du magasin, le voleur dut*
   A. monter à une échelle.
   B. attendre l'arrivée du propriétaire.
   C. ouvrir le coffre-fort.
   D. trouver un passage suffisant.

25. *Le cambrioleur emporta les revolvers*
   A. dans des cartouches.
   B. dans une serviette.
   C. dans une poubelle.
   D. dans ses poches.

✧

LES RATS DE PARIS RISQUENT LA FAMINE

« Gens de la ville
Qui ne dormez guère
C'est à cause des rats
Que vous ne dormez guère
C'est à cause des rats
Que vous ne dormez pas. »

Auprès des écoliers de Paris, cette chanson jouit d'un succès légitime. Les parents la trouvent moins drôle, surtout ceux qui habitent le quartier des Halles. Car l'échéance est proche : bientôt les Halles seront déplacées à Rungis, il n'y aura plus rien à manger pour « ceux d'en bas ». Que vont-ils faire ?

Il y a 6 millions de rats dans les égouts où il faut que l'égoutier frappe sur les tuyaux pour avertir la bête de son passage, et éviter qu'elle ne lui saute à la gorge.

Au cours des siècles, la fiche d'identité du rat de Paris a peu varié. Les petits rats noirs, arrivés en Europe avec les Mongols, ont remplacé la première race, installée depuis Attila. Aujourd'hui c'est le grand rat gris, ou surmulot (25 centimètres sans la queue) qui règne sans partage sur le Paris souterrain.

On a tout tenté pour exterminer le surmulot. Chaque fois, l'on se heurte à son arme secrète : l'intelligence.

Le rat ne touche jamais à la nourriture lorsqu'un de ses semblables meurt empoisonné. Il devine rapidement les changements de tactique des hommes. Comme les hommes il utilise pour voie de communication le métro.

Le déménagement des Halles signifie la famine pour les rats du secteur. Que vont-ils faire devant cette crise, la plus grande de leur histoire?

(D'après « Paris Match », 9 mars 1968.)

Complétez les phrases de la façon qui convient le mieux.

26. *Les parents n'aiment pas cette chanson*
    A. parce qu'ils vont déménager avant peu.
    B. parce que les rats se sont déjà éloignés.
    C. parce qu'ils y voient un présage sinistre.
    D. parce que les enfants jouent au lieu de travailler.

27. *Après le déplacement des Halles*
    A. les rats manqueront d'appétit.
    B. les rats manqueront de nourriture.
    C. les rats seront forcés de descendre.
    D. les rats se rendront à Rungis.

28. *L'égoutier frappe sur les tuyaux*
    A. pour disperser les rats.
    B. pour encourager les rats.
    C. pour saluer les rats.
    D. pour cogner sa pipe.

29. *La deuxième race était composée de*
    A. rats sans queue.
    B. petits rats noirs.
    C. rats non identifiés.
    D. grands rats gris.

30. *On n'a pu exterminer les rats*
    A. parce qu'ils sont très bêtes.
    B. parce qu'ils refusent de manger le poisson.
    C. parce qu'ils sont fort rusés.
    D. parce qu'ils sont peu rusés.

ÉPREUVE 4

Première Partie

Voici une série de situations. Choisissez la remarque qui convient le mieux dans chaque cas.

1. *Un client entre dans un restaurant et demande des fraises à la crème. Le garçon lui dit :*
   A. Voici la liste des vins, monsieur.
   B. Elles sont hors de saison, monsieur.
   C. Chaudes ou froides, monsieur ?
   D. Dans un verre ou dans une tasse, monsieur ?

2. *Mme Camus demande au marchand : « Ça fait combien, monsieur ? » Celui-ci répond à la dame :*
   A. Qu'y a-t-il pour votre service ?
   B. Est-ce qu'on vous sert ?
   C. Je vais faire faire deux exemplaires, madame.
   D. Je vais chercher du papier pour faire l'addition.

3. *Claude est resté en panne sur une route à grande circulation. L'agent s'approche de la voiture et dit au jeune homme :*
   A. Vous pouvez la faire réparer là-bas, monsieur.
   B. Faites attention aux virages, monsieur.
   C. Voici mon permis de conduire, monsieur.
   D. Défense de cracher, monsieur.

4. *La vendeuse aperçoit une voleuse qui vient de mettre un objet dans son sac à main. Elle dit à cette femme :*
   A. Je regrette, mais il faudra tout dire à mon patron.
   B. Je regrette, mais il faudra le mettre dans votre poche.
   C. Cet étalage est très beau, n'est-ce pas ?
   D. Vous avez fait voler un cerf-volant, n'est-ce pas ?

5. *L'élève rentre chez lui à la fin du trimestre avec un bon bulletin. Son papa lui dit:*
   A. En récompense, tu auras un vélo tout neuf.
   B. Donne-moi ce revolver tout de suite.
   C. Où as-tu acheté cet objet horrible?
   D. Ta maman va être furieuse, Henri.

6. *Mme Rozier arrive chez son amie à trois heures. Au bout de deux heures elle met ses gants, en disant:*
   A. Je regrette, mais maintenant tu dois partir.
   B. Bonjour, Hélène.
   C. Mes amitiés à ton mari, Hélène.
   D. Il est deux heures. Il faut que je parte.

7. *L'agent de tourisme dit à Mme Floche qui part en vacances:*
   A. Donnez-moi votre billet doux, s'il vous plaît.
   B. Je peux recommander le bordeaux.
   C. Croisement dangereux!
   D. J'espère que vous n'aurez pas le mal de mer cette fois.

8. *Le client se réveille à une heure du matin dans son hôtel. Il fait un froid de canard. Il se dit:*
   A. Je vais demander un édredon.
   B. Je vais me déshabiller tout de suite.
   C. Les canards font coin-coin.
   D. Ce chauffage est épatant!

9. *«Nous sommes mardi, le trente et un mars», dit l'homme d'affaires à son associé, «et vous dites que vous serez de retour dans trois jours.» L'associé hésite un moment avant de répondre:*
   A. Oui, vendredi dernier.
   B. Oui, le vendredi.
   C. Oui, vendredi.
   D. Oui, vendredi, le 28 mars.

10. *La voiture roule sur une chaussée déformée. Mme Legros dit à son mari:*

    A. Il te faut trouver un garage tout de suite, Henri.

    B. Il faut que tu te chausses tout de suite, Henri.

    C. J'espère que nous ne crèverons pas ici.

    D. J'espère qu'aucun agent ne nous a vus passer par ici.

11. *Henriette va traverser la Manche. Avant de s'embarquer elle dit à son amie:*

    A. J'ai le mal de mer depuis trois jours.

    B. Nous avons fait une affreuse traversée.

    C. Il faut tenir prête la carte de débarquement.

    D. La mer va être grosse aujourd'hui.

12. *Albert se rend en voiture chez son oncle. A deux minutes de la maison un agent lui fait signe de s'arrêter. « Pourquoi? » demande le jeune homme. Il reçoit la réponse:*

    A. Parce que vous n'avez pas fixé un rendez-vous.

    B. Parce que cette entrée est interdite aux piétons.

    C. Parce que vous n'avez pas respecté le feu rouge.

    D. Parce que votre véhicule est en marche.

13. *« Qu'as-tu, mon petit? » demande maman au petit Henri qui vient d'entrer dans la cuisine en pleurant. Le garçon répond:*

    A. Maman, je me suis blessé au genou.

    B. Maman, on m'a donné un coup de main.

    C. J'ai sept ans, maman, tu le sais bien.

    D. Maman, mon professeur m'a félicité.

14. *Marie et Hélène font du canotage. Marie se met debout dans la barque. Hélène crie, affolée:*

    A. Lave la vaisselle!

    B. Lève-toi!

    C. Fais attention!

    D. Canots à louer!

15. *Les Dupont font un pique-nique à la campagne. Tout à coup il commence à pleuvoir à verse. Papa dit aux autres:*

    A. Nous aurions dû apporter un tire-bouchon!

    B. Ne pleurez pas!

    C. Il faut nous mettre à l'abri tout de suite!

    D. Il faut éteindre notre feu tout de suite!

◇

Deuxième Partie

Lisez avec soin les passages suivants. Après avoir lu chaque passage, répondez aux questions, ou complétez les phrases, de la manière qui convient le mieux.

LE DÉFI DE CHICHESTER

Le « Défi aux trois caps », que Francis Chichester vient de publier, n'est pas, comme on pourrait le croire, le récit de son voyage autour du monde.

Avant d'entreprendre son voyage en solitaire, il a lu tout ce qui concerne la route des clippers, celle qu'il se proposait de suivre, pour profiter de l'expérience des autres. « J'ai tant lu sur ce sujet, écrit-il, j'ai tant pensé à cette route qu'il me semble en connaître les 28.000 milles mieux que l'Atlantique du Nord que j'ai traversée six fois. »

C'est donc un choix de textes, empruntés à ceux qui ont suivi cette route avant lui, dans sa totalité ou en sa partie seulement, que Chichester nous offre dans ce livre avec ses commentaires personnels. « Toutes ces histoires, écrit-il encore, parlent d'un navigateur, solitaire ou non, aussi bien que de grands voiliers de commerce : on y trouve des courses, des naufrages, des disparitions corps et biens et puis des records de vitesse, des aventures face à la glace et aux baleines... »

Cette anthologie des récits les plus passionnants de l'aventure en mer fait une large place au Cap Horn. Huit voiliers seulement, estime Chichester, ont tenté de le doubler. Quatre ont réussi avant que Sir Francis lui-même ne vînt, en mars dernier, ajouter son nom à cette courte liste. « Défi aux trois caps », c'est aussi son hommage à ceux qui l'ont précédé dans ces parages redoutables.

(D'après « Le Figaro », mai 1967.)

16. *Dans le livre qui vient d'être publié il s'agit*
    A. d'un voyage autour du monde.
    B. de Sir Francis Chichester.
    C. de l'Atlantique du Nord.
    D. d'aventures maritimes.

17. *Le livre fut publié*
    A. peu de temps après le voyage de Sir Francis.
    B. plusieurs mois après le voyage de Sir Francis.
    C. en mars, 1966.
    D. en juin, 1967.

18. *Les voiliers qui doublèrent le Cap Horn*
    A. y firent beaucoup de commerce.
    B. y firent la pêche à la baleine.
    C. y coururent beaucoup de dangers.
    D. y trouvèrent beaucoup d'autres voiliers.

19. *Combien de voiliers, selon Sir Francis, y sombrèrent?*
    A. Huit.
    B. Aucun.
    C. Quatre.
    D. Douze.

20. *Ce livre fut publié*
    A. parce que l'auteur voulait ajouter son nom à la liste.
    B. parce que l'auteur voulait exprimer son admiration pour les voiliers.
    C. en partie seulement.
    D. en mars dernier.

UN AUTOCAR ENTRE EN COLLISION AVEC UN AUTORAIL

REIMS, *17 juillet.*

— Attention, voilà l'autorail!

— Bah! vous n'avez jamais vu un autorail!

Tel serait, d'après les révélations faites hier à l'audience du tribunal de Reims, l'incroyable dialogue qu'auraient eu, quelques dixièmes de seconde avant la collision, plusieurs enfants affolés et le chauffeur de l'autocar. Cinq enfants ont rapporté ce fait qui est aujourd'hui prouvé, et qui modifie totalement le degré de culpabilité du chauffeur.

Nous avons rappelé hier les circonstances de cet accident qui remonte au 30 mai, 1966. Ce jour-là un car de ramassage scolaire transportant vingt-trois écoliers fut pris en écharpe par un autorail à un passage à niveau non gardé près de la ville. Le choc fut d'une violence étonnante et des débris du véhicule désarticulé on dut retirer dix morts et douze blessés gravement atteints, tous enfants d'agriculteurs, âgés de six à douze ans.

Grièvement blessé lui-même, le chauffeur du car fut inculpé deux jours plus tard, alors qu'il se trouvait sur son lit d'hôpital, d'homicide et de blessures par imprudence.

Cet inculpé avait toujours prétendu n'avoir ni vu ni entendu l'autorail arriver.

(D'après « Le Figaro ».)

21. *Qui avait aperçu l'approche de l'autorail?*
    A. L'audience du tribunal.
    B. Le chauffeur de l'autocar.
    C. Les habitants de Reims.
    D. Les écoliers.

22. *Les enfants étaient affolés*
    A. parce que le chauffeur était blessé.
    B. parce que le chauffeur ne les croyait pas.
    C. parce que le chauffeur portait une écharpe.
    D. parce que le chauffeur fut inculpé d'homicide.

23. *Combien d'écoliers survécurent?*
    A. Vingt-trois.
    B. Un.
    C. Treize.
    D. Dix.

24. *Tous les enfants*
    A. étaient campagnards.
    B. habitaient à Reims.
    C. moururent dans le car.
    D. étaient agriculteurs.

25. *On accusa le chauffeur*
    A. au passage à niveau.
    B. à l'hôpital.
    C. dans l'autocar.
    D. en prison.

UN MONSIEUR MÉTHODIQUE

Justin avait la manie de descendre fermer les fenêtres dès qu'on avait l'audace de les ouvrir. Il n'aérait jamais sa chambre qui était toujours imprégnée d'une odeur rance qui n'existait point dans les autres appartements.

Tous ses faits et gestes étaient d'une telle régularité qu'on aurait pu dire l'heure en le voyant à tel ou tel endroit. Quant à ce qu'il pouvait penser du matin au soir, personne n'en avait la moindre idée, même la femme de journée.

Il avait pris l'habitude de laisser son pardessus, en entrant, à gauche de la porte, près du porte-parapluies, de sorte qu'il suffisait de jeter un coup d'œil dans cette direction pour savoir s'il était chez lui.

Le téléphone, qui était à la disposition de tous les locataires, se trouvait au pied de l'escalier, sur une banquette, mais il n'avait pas l'air de vouloir s'en servir et n'hésitait pas quand il entendait la sonnerie. Il dut apprendre bien vite que c'était presque invariablement pour une des jeunes filles qui habitaient l'appartement à côté du sien.

(D'après GEORGES SIMENON: *Un Nouveau dans la ville.)*

26. *Justin n'aimait pas*
    A. les courants d'air.
    B. les téléphones.
    C. descendre l'escalier.
    D. sa chambre.

27. *On n'avait pas besoin d'une montre en voyant Justin*

A. parce qu'il était impassible.
B. parce qu'il ne sortait jamais de la maison.
C. parce qu'il menait une vie si réglée.
D. parce qu'il menait une vie si affairée.

28. *Pour savoir s'il était sorti ou non*
    A. il fallait frapper à sa porte.
    B. il fallait lui téléphoner.
    C. il fallait regarder dans le porte-parapluies.
    D. il fallait regarder à gauche de la porte.

29. *On téléphonait d'habitude*
    A. à tous les locataires.
    B. à Justin.
    C. à une des jeunes filles.
    D. à la femme de journée.

30. *Le téléphone était*
    A. en haut.
    B. en bas.
    C. dans l'escalier.
    D. dans l'appartement à côté de celui de Justin.

ÉPREUVE 5

Voici une série de situations. Dans chaque cas choisissez la remarque qui convient le mieux.

1. *« Neuf francs quatre-vingt-dix? » dit le client. « Eh bien, voici un billet de dix francs.» Le garçon lui répond:*
   A. Je regrette, monsieur. Je n'ai pas de petite monnaie.
   B. Je regrette, monsieur. Je n'ai pas de chéquier ici.
   C. Mais l'addition est correcte, monsieur. Il n'y a pas d'erreur.
   D. Vous me devez 33 francs, monsieur.

2. *Mme Lefèvre entend du bruit pendant la nuit. Elle éveille son mari, en disant:*
   A. Marius, tu as oublié d'éteindre la lumière.
   B. Marius, je crois qu'il gèle.
   C. Marius, qu'as-tu?
   D. Marius, qu'est-ce qui se passe?

3. *Madame Bozin dit: « Je cherche un cadeau pour l'anniversaire de mon mari.» La vendeuse lui demande:*
   A. Est-ce qu'il fume?
   B. Où l'avez-vous perdu?
   C. C'est pour vos noces d'argent?
   D. Est-ce que vous célébrez la cinquantaine?

4. *On attend l'autobus depuis une demi-heure. Henriette dit à son amie:*
   A. Il faudra attendre le suivant.
   B. Il est peut-être resté en panne.
   C. Je ne peux plus l'atteindre.
   D. Il est parti il y a un quart d'heure.

5. *Mme Dubois essaie des chaussures. La vendeuse lui dit:*
   A. C'est une bonne chaussée, madame.
   B. De toutes vos forces, madame.
   C. Celles-là sont du dernier chic, madame.
   D. Il faudra faire une course d'essai, madame.

6. *Les Lefèvre sont sur le pont du paquebot. La mer est affreusement grosse. M. Lefèvre dit à sa femme:*
   A. Je n'ai pas le pied marin, Colette.
   B. Elle aurait dû maigrir.
   C. Nous avons de la chance. On dit que c'est un pont suspendu.
   D. Nous avons de la chance. Cette eau me paraît potable.

7. *Le petit Albert a mal au ventre. Après l'avoir examiné, le médecin dit à la mère:*
   A. C'est un garçon maladroit, madame.
   B. Il faut qu'il suive un régime, madame.
   C. Ses chaussures sont trop larges, madame.
   D. Votre garçon se conduit mal, madame.

8. *Émile arrive à la leçon d'histoire avec un cahier sali. Il explique au maître:*
   A. Monsieur, c'est que je ne comprends pas le règne de Louis Quatorze.
   B. Monsieur, j'ai oublié de faire mes devoirs.
   C. Monsieur, j'ai été malade.
   D. Monsieur, je l'ai laissé tomber par terre.

9. *Une jeune fille annonce ses fiançailles à un ami. Celui-ci répond:*
   A. Pauvre petite!
   B. Quelle horreur!
   C. Voulez-vous m'épouser?
   D. Je vous offre mes meilleurs vœux.

10. *Le coiffeur vient de demander à M. Gabin s'il veut que ses cheveux soient coupés courts sur la nuque. Le client répond:*

   A. Les courses de chevaux? Je n'y vais jamais.
   B. Oui, on peut toujours la couvrir d'un chapeau.
   C. Oui, et sur les côtés aussi.
   D. Oui, si vous avez un séchoir électrique.

11. *Le liftier de l'hôtel vient de demander un pourboire à M. Leseur, dont le jour de départ est arrivé. Celui-ci répond:*
    A. Non, vous n'avez pas soif.
    B. Non, je préfère descendre dans l'ascenseur.
    C. Non, parce que je vais partir aujourd'hui.
    D. Non, j'ai déjà payé une taxe de service exorbitante.

12. *Mme Dupont rentre à la maison avec un chapeau très chic. Son mari l'examine et dit à sa femme:*
    A. Est-ce que tu as un permis?
    B. Je suppose que cela revient assez cher.
    C. Pile ou face?
    D. Quel est son mode d'emploi?

13. *En voyant un monsieur qui cherche un locataire, la concierge lui demande:*
    A. Qu'est-ce que vous cherchez, monsieur?
    B. Qui est-ce que vous cherchez, monsieur?
    C. Avez-vous consulté le bureau de location, monsieur?
    D. Avez-vous consulté le bureau des objets trouvés, monsieur?

14. *Les enfants rentrent de l'école trempés jusqu'aux os. Maman s'écrie:*
    A. Vous savez que je vous ai déjà défendu de ronger les os.
    B. Vous n'auriez pas dû tremper vos tartines.
    C. Asseyez-vous. Je vais chercher une aiguille.
    D. Asseyez-vous. Je vais chercher une serviette de toilette.

15. *Au bureau de poste M. Lefranc demande à l'employée de peser un colis postal. Elle le pèse avant de répondre:*
    A. Cela me pèse, monsieur.
    B. Il vaut son pesant d'or, monsieur.
    C. Il a un poids de trois kilos, monsieur.
    D. Voici un mandat de dix francs, monsieur.

Deuxième Partie

Dans cette partie vous lirez un certain nombre de passages.
Après chaque passage vous trouverez des questions ou des
phrases incomplètes. Répondez aux questions ou complétez
les phrases de la manière qui convient le mieux

DEUX CADAVRES EN SURNOMBRE DANS LE CAVEAU DE FAMILLE

Fossoyeur au petit village de Guitry, dans l'Eure, M. Pitre devait procéder aujourd'hui à une inhumation. Elle n'aura pas lieu, ou bien ailleurs que prévu. La défunte, décédée il y a quelques jours, ne rejoindra pas, dans le caveau de la famille Launay, son mari et la première femme de celui-ci : les gendarmes y ont découvert deux cadavres inconnus !

« Hier matin, je voulais vérifier la propreté du caveau, raconte M. Pitre. Depuis quatorze ans, il n'avait pas été ouvert. J'ai fait glisser la dalle. A ma grande stupéfaction, dans la case vide que je réservais à la seconde femme de M. Launay, j'ai aperçu une caisse faite de planches grossières. »

Horrifié, le fossoyeur courut alerter le maire du village et les gendarmes. Ceux-ci tentaient de hisser la caisse lorsque le fond céda : les restes de deux personnes roulèrent sur le sol.

— L'identification sera certainement très délicate, a déclaré un policier. La mort remonte à plusieurs mois.

A Guitry, les langues vont bon train. Quelques jours après l'arrestation pour recel d'un éleveur, beaucoup n'hésitent pas à faire un rapprochement entre les deux affaires. C'est à 900 mètres seulement du cimetière que furent découverts 200.000 francs de matériel provenant de nombreux cambriolages commis dans toute la région. Et le même juge d'instruction, M. Caddi, du Parquet d'Évreux, a été chargé des deux affaires.

(« L'Aurore », 2 septembre 1967.)

16. *On avait l'intention d'enterrer*
   A. M. Pitre.
   B. M. Launay.
   C. Mme Launay.
   D. Le fossoyeur.

17. *En ouvrant le caveau on a été surpris de trouver*
   A. de la propreté.
   B. la famille Launay.
   C. deux cadavres inconnus.
   D. deux gendarmes.

18. *Les 200.000 francs de matériel qu'on trouva*
   A. avaient été volés.
   B. avaient appartenu à la femme de M. Launay.
   C. provenaient du juge d'instruction.
   D. provenaient du cimetière.

19. *Maintenant la défunte sera enterrée*
   A. dans la case vide.
   B. dans le caveau de la famille Launay.
   C. à 900 mètres du cimetière.
   D. autre part.

20. *M. Caddi*
   A. a été accusé des deux affaires.
   B. va examiner les deux affaires.
   C. a recelé un éleveur.
   D. est commis dans la région.

« VÉNUS-IV »

Grise, jaunâtre, violacée et bleutée, Vénus roulait dans le ciel uniformément noir du cosmos. Si un homme avait été à bord de la sphère soviétique il aurait alors assisté à un fabuleux et étrange spectacle.

A onze kilomètres à la seconde, Vénus–IV s'enfonça dans les nuages opaques et les brouillards de l'atmosphère vénusienne. Il y eut un déclic sourd et le haut de la sphère se détacha en laissant s'échapper un premier parachute. Il se déploya et ralentit la vitesse à 3 kilomètres/seconde. Un deuxième parachute s'ouvrit et la sphère venue du cosmodrome de Baikonour commença d'osciller doucement dans le ciel de Vénus.

La descente fut longue et durant chacune de ses minutes, un radio-émetteur transmit à la Terre des cryptogrammes que seuls les spécialistes russes purent déchiffrer; ils leur donnaient, pour la première fois dans l'histoire de l'humanité, des renseignements certains sur ce qu'est Vénus, de toutes les planètes du système solaire la plus mystérieuse.

En ce qui la concerne, la science ne connaissait, ou presque, que l'étendue et la variété des énigmes qu'elle pose. En effet, Vénus est recouverte d'un épais manteau de nuages, d'ombres et de brumes qui en cache absolument la surface.

(« Paris Match », 28 octobre 1967.)

21. *La sphère se divisa*
    A. pour laisser sortir un parachute.
    B. pour pénétrer à travers l'atmosphère de la planète.
    C. pour réduire le poids de la sphère.
    D. pour faire fonctionner l'émetteur.

22. *Il y eut un déclic sourd*
    A. quand le premier parachute se déploya.
    B. quand le premier parachute s'échappa.
    C. quand le haut de la sphère se détacha.
    D. quand la sphère s'enfonça dans l'atmosphère.

23. *Les deux parachutes*
    A. aidèrent la sphère à forcer la vitesse.
    B. aidèrent la sphère à descendre sans danger.
    C. aidèrent le haut à se détacher.
    D. aidèrent le voyageur à assister au spectacle.

24. *Les Russes reçurent les renseignements*
    A. en y envoyant des spécialistes.
    B. en entendant le mot chiffré.
    C. en descendant.
    D. en résolvant les cryptogrammes.

25. *On connaît mal cette planète*
   A. parce qu'elle est toujours voilée.
   B. parce qu'elle est si loin de la terre.
   C. parce qu'elle est multicolore.
   D. parce que son étendue est si grande.

◇

L'EAU DE VICHY

Les parcs, les jardins retentissent de leurs cris et de leurs jeux. Vichy est aujourd'hui une ruche d'enfants.

Il y a un demi-siècle, les habitants de Vichy auraient été fort surpris si on leur avait appris ce qu'allait devenir un jour la grande station thermale. C'est qu'à cette époque les enfants y étaient rares. Ils étaient, pour la plupart, des fils ou des filles de curistes que leurs parents avaient emmenés avec eux pour ne pas avoir à s'en séparer.

Or, à la surprise de tous, on s'aperçut que les verres d'eau non seulement ne leur faisaient pas de mal mais encore beaucoup de bien.

Médecins généralisés et pédiatres commencèrent alors à prescrire les eaux de Vichy aux enfants. On enregistra de stupéfiantes réussites. On découvrit aussi que Vichy n'avait pas seulement un effet curatif mais que ses eaux avaient encore un effet préventif. Elles ne se contentaient pas de transformer certaines maladies propres à la jeunesse, mais elles préviendraient encore, lorsque les enfants seraient devenus des hommes, de troubles beaucoup plus graves.

Vichy est la providence de nombreux garçons et de nombreuses filles qui, durant l'année scolaire, se sentent constamment « patraques ». Car, en vérité, bien des « paresseux », constamment punis en classe, ne sont pour le médecin que des malades que l'on ignore. Aussi peut-on affirmer que Vichy aide également, à sa façon, les candidats à réussir leurs examens et leurs concours !

(D'après « Paris Match », 27 avril 1968.)

Complétez les phrases de la façon qui convient le mieux:

26. *Il y a cinquante ans*
    A. aucun enfant ne venait à Vichy.
    B. peu d'enfants venaient à Vichy.
    C. plusieurs enfants venaient à Vichy.
    D. beaucoup d'enfants venaient à Vichy.

27. *Ils y venaient à cette époque*
    A. pour voir les curiosités de la ville.
    B. parce que leurs parents ne voulaient pas les quitter.
    C. pour suivre une cure.
    D. parce que leurs parents se seraient égarés sans eux.

28. *Après avoir bu de l'eau de Vichy, les enfants*
    A. cessaient d'être de jeunes malfaiteurs.
    B. buvaient à leur santé.
    C. devenaient de jeunes malfaiteurs.
    D. commençaient à se remettre de leurs maladies.

29. *Devenus des hommes, les jeunes curistes*
    A. seraient plus robustes.
    B. seraient plus propres.
    C. seraient plus graves.
    D. seraient plus supportables.

30. *Beaucoup d'enfants parmi ceux qu'on disait « paresseux »*
    A. auraient dû consulter un médecin.
    B. étaient des élèves ignorants.
    C. auraient dû être punis par le professeur.
    D. étaient des élèves négligents.

ÉPREUVE 6

Voici une série de situations. Choisissez la remarque qui convient le mieux dans chaque cas et indiquez votre choix sur votre feuille de réponses.

1. *Marie a oublié son livre de français. Le professeur lui dit:*
   A. Ouvre ton livre, Marie.
   B. Ne regarde pas ton livre, Marie. Écoute-moi.
   C. Pourquoi ton livre n'est-il pas recouvert de papier gris?
   D. Tu dois toujours apporter tes livres en classe.

2. *Un soir le mari rentre tard de son bureau. Sa femme lui dit:*
   A. Le dîner est gâté.
   B. Le déjeuner est prêt.
   C. Mais il est à peine quatre heures!
   D. Demain c'est la rentrée, n'est-ce pas?

3. *Au bureau de poste on demande un timbre pour une lettre à destination de l'Allemagne. Le buraliste répond:*
   A. Il faut aller à la gare.
   B. Il faut peser la lettre.
   C. Nous n'en avons pas aujourd'hui.
   D. La boîte aux lettres est à cent mètres d'ici.

4. *Au milieu d'un examen on accuse un élève d'avoir triché. Il répond:*
   A. Mais je ne pouvais pas m'empêcher de voir les réponses de mon voisin.
   B. Oui, je réussis toujours aux examens.
   C. Oui, je veux bien passer un examen.
   D. Ce n'est pas moi. Je n'étais pas là.

5. *Des enfants glissent sur un étang glacé. La glace est trop fragile et un petit enfant tombe à l'eau. Les autres disent:*
   A. Bah! Il sait nager. On peut le laisser.
   B. Courons vite chercher une échelle.
   C. C'est sa faute. Il ne faut pas être fragile.
   D. Il adore les glaces aux fraises.

6. *Le mari dit que le plat n'est pas assez assaisonné. Sa femme répond:*
   A. Prends du poivre.
   B. Mais ce n'est pas la saison pour cela.
   C. Mais l'assiette est bien chaude.
   D. Tu manges trop. Tu vas engraisser.

7. *Un garçon demande à son camarade: « Veux-tu devenir éclaireur? » L'autre répond:*
   A. Mais la lumière est assez vive.
   B. Mais non, il ne fait pas encore nuit.
   C. Es-tu assez éclairé?
   D. Oui, je voudrais bien faire du camping.

8. *Une femme réveille son mari pour lui annoncer qu'elle souffre d'insomnie. Le mari répond:*
   A. Je vais téléphoner tout de suite au docteur.
   B. Pourquoi me réveilles-tu pour cela? Prends une pilule!
   C. Où as-tu mal? C'est grave?
   D. En es-tu bien sûre? Tu t'es peut-être trompée.

9. *Au déjeuner Maman voit une mouche sur l'assiette de Marie. Elle crie à sa fille:*
   A. Ne te mouche pas.
   B. Sors ton mouchoir.
   C. Attention! Il ne faut pas manger cette viande-là.
   D. Attention! Il ne faut pas bouger.

10. *Un samedi matin, en France, un touriste anglais cherche une banque. Sa femme lui dit:*

A. Mais je ne suis pas fatiguée, je t'assure.
B. Nous pouvons nous asseoir dans un café.
C. Mais j'ai assez d'argent pour nous deux.
D. Les banquettes sont trop dures.

11. *Le petit Henri, qui porte une grosse valise, bouscule un monsieur au passage. Ce monsieur lui dit: « Veux-tu un coup de main, mon petit? » Henri répond:*
A. Merci bien, monsieur. Vous êtes bien aimable.
B. Je me sauve!
C. Mais je ne l'ai pas fait exprès, monsieur.
D. Alors, moi, je vous donne un coup de pied.

12. *A table, l'hôtesse offre des gâteaux délicieux. Georges, qui a encore faim, répond poliment et sincèrement:*
A. Merci, madame.
B. Oui, je veux bien, madame.
C. Non, merci, madame. J'en ai assez.
D. Non, madame, je ne les aime pas.

13. *Un monsieur inconnu demande à un passant: « Pouvez-vous me donner du feu, monsieur? » L'autre répond:*
A. Mais il ne fait pas froid.
B. Je regrette, j'ai laissé mes allumettes à la maison.
C. Ne me fusillez pas, monsieur! Je ne vous ai rien fait.
D. Je regrette, ma femme est à la maison. Elle n'aime pas les visiteurs.

14. *On fait une promenade en auto dans les montagnes. Soudain une passagère s'écrie: « Oh! J'ai mal au cœur! » Le conducteur répond:*
A. Je vais vous conduire très vite à l'hôpital.
B. Le scélérat! Il va me le payer!
C. Veux-tu m'épouser, ma chère?
D. Je m'arrête. Descendez. Prenez un peu l'air.

15. *A l'hôtel la cliente dit: « Je couche toujours avec deux oreillers. » On lui répond:*

A. Mais c'est contagieux! Vous ne pouvez pas rester ici.
B. N'ayez pas peur, madame. L'hôtel est bien gardé la nuit.
C. Parlez-en à votre femme de chambre, madame.
D. Dans nos lits confortables on dort toujours sur les deux oreilles.

✧

Deuxième Partie

Lisez avec soin les passages suivants. Après chaque passage vous trouverez des phrases incomplètes. Il faut compléter ces phrases de la façon qui convient le mieux. Indiquez votre choix sur votre feuille de réponses.

LA MONTAGNE PEUT ÊTRE UNE AMIE...
...POUR QUI SAIT L'ABORDER

Les beaux jours ramènent chaque année à la montagne leur contingent d'amoureux des cimes ou d'amateurs d'excursions solitaires. Trop souvent, les citadins, mal préparés, commettent involontairement de graves imprudences: c'est ainsi que, depuis le mois de juin, il y a eu dix-huit morts dans la région de Chamonix à la suite de divers accidents.

Voici donc quelques principes et conseils qui, judicieusement suivis, vous permettront d'éviter bien des drames.

La promenade en montagne est très différente de celle qui se pratique en plaine. Elle nécessite une préparation physique et morale soigneusement dosée. Le père de famille ne doit engager ses enfants que sur des itinéraires faciles et aux dénivellations et altitudes limitées.

Un bon équipement est nécessaire: même pour une courte promenade, il faut emporter des vêtements chauds et imperméables. Des chaussures spéciales sont indispensables même pour les promenades sur sentier.

Rien n'est plus glissant qu'une pente d'herbe mouillée. La

cueillette des fleurs, si sympathique, peut se transformer en drame.

Le temps en montagne peut changer brusquement. En une heure, le soleil et la chaleur accablante peuvent faire place à la brume, à la neige, au froid intense.

Il ne faut pas sous-estimer la longueur d'un itinéraire. Il faut prévoir de rentrer tôt afin d'éviter d'être surpris par la nuit.

La montagne comporte des dangers cachés même sur des parcours bien balisés. Il faut s'informer et demander conseil auprès des personnes et organismes qualifiés.

La promenade ayant pour but un refuge n'est pas toujours facile et nécessite souvent une bonne expérience alpine. Il faut alors être accompagné d'un guide ou d'une personne qualifiée.

Il faut toujours indiquer à son hôtel, à ses amis le but de la promenade avant de partir.

(« L'Humanité », 17 août 1967.)

16. *Les personnes qui se rendent chaque été à la montagne sont*
    A. des amants.
    B. des ramoneurs.
    C. ceux qui aiment les sommets.
    D. ceux qui aiment faire des excursions en groupe.

17. *De graves imprudences sont souvent commises par*
    A. des gens de la ville.
    B. des habitants de la région de Chamonix.
    C. des volontaires.
    D. de divers accidents.

18. *Les pères de famille doivent*
    A. prendre des engagements.
    B. engager leurs enfants.
    C. choisir pour leurs enfants des pentes assez douces.
    D. donner des médicaments très soigneusement à leurs enfants.

19. *Il faut bien faire attention au temps qu'il fait en montagne*
   A. parce qu'il peut se transformer si facilement.
   B. parce qu'il faut retourner à l'hôtel pour prendre les repas.
   C. parce qu'on peut être surpris par la nuit.
   D. parce qu'il est facile de sous-estimer un itinéraire.

20. *En montagne il est souvent dangereux*
   A. de cueillir des fleurs.
   B. d'être sympathique.
   C. de porter des chaussures spéciales.
   D. d'emporter des imperméables.

21. *Le journaliste dit qu'avant de partir de l'hôtel il faut toujours*
   A. payer sa note.
   B. marquer un but.
   C. décrire son itinéraire.
   D. indiquer l'hôtel à ses amis.

EXTRAIT DES MÉMOIRES DE SVETLANA, FILLE DE STALINE

Notre existence en cette fin de 1942 me parut anormale et désagréable. Des amis de Vassili, sportifs, acteurs, aviateurs, envahissaient la maison et s'y amusaient follement au milieu des hurlements du pick-up, comme si la guerre ne faisait pas rage un peu plus loin.

Ce même hiver, Winston Churchill vint à Moscou. Il dîna un soir chez nous et mon père m'avait ordonné d'être à la maison. J'entrai, me demandant s'il fallait que je prononce quelques mots d'anglais ou s'il valait mieux me taire.

Notre appartement au Kremlin était désert et glacial. Les rayons de la bibliothèque dans la salle à manger étaient vides. Mon père fut très cordial. Son amabilité et son hospitalité charmaient l'assistance. Me tapotant la tête, il dit : « Voilà ma fille, la rousse ! » Churchill sourit, pointa son cigare vers le sommet de son crâne et affirma qu'au temps de sa jeunesse il avait été roux lui aussi, mais que depuis...   Il nous dit que sa fille était dans la Royal Air Force. Je comprenais tout, mais j'étais trop intimidée pour répondre.

Mon père m'embrassa et me dit de m'en aller.

Je ne comprenais pas pourquoi il avait voulu me montrer à Churchill. Aujourd'hui je crois comprendre. Il voulait donner l'impression d'être, au moins un peu, un homme ordinaire. On voyait qu'il aimait bien Churchill.

Cet octobre-là, j'entrai en seconde. Nous prenions l'art très au sérieux et nous étions ivres de poésie et d'émotions héroïques.

(« Paris Match », 30 septembre 1967.)

22. *La scène se passe*
    A. En Angleterre.
    B. En France.
    C. En Russie.
    D. En Pologne.

23. *Vassili et ses amis s'amusaient*
    A. à faire jouer des disques.
    B. à faire jouer des pièces de théâtre.
    C. à voler.
    D. à faire du sport.

24. *Dans l'appartement de Staline, lors de la visite de Churchill*
    A. il y avait beaucoup de monde.
    B. il y avait beaucoup de livres.
    C. on avait chaud.
    D. on avait froid.

25. *Les cheveux de Svetlana étaient*
    A. blonds.
    B. bruns.
    C. roux.
    D. rares.

26. *Churchill se servit de son cigare*
    A. pour indiquer sa tête chauve.
    B. pour brûler quelque chose.
    C. pour indiquer ses cheveux roux.
    D. pour se souvenir de sa jeunesse.

27. *Svetlana se tut*
    A. parce qu'elle ne comprenait pas l'anglais.
    B. parce qu'elle était timide.
    C. parce que son père lui avait défendu de parler.
    D. parce qu'elle était ivre.

28. *Staline trouvait Churchill*
    A. ordinaire.
    B. sympathique.
    C. peu sympathique.
    D. hospitalier.

29. *A cette époque Svetlana avait*
    A. environ deux ans.
    B. environ six ans.
    C. environ douze ans.
    D. environ quinze ans.

30. *Cet octobre-là, à l'école, Svetlana*
    A. but trop de vodka.
    B. lut beaucoup de poèmes.
    C. fut placée seconde en classe.
    D. dut être héroïque.

ÉPREUVE 7

Indiquez ce qu'on devrait faire dans les circonstances suivantes. Choisissez la réponse qui convient le mieux et indiquez votre choix sur votre feuille de réponses.

1. *On prend un bain quand des visiteurs importants arrivent.*
   A. Offrir des bains aux visiteurs.
   B. Aller immédiatement saluer les visiteurs.
   C. Rester dans la baignoire.
   D. Se sécher et s'habiller vite.

2. *On trouve dans la rue un petit enfant qui s'est égaré.*
   A. Gronder l'enfant.
   B. Chercher l'enfant.
   C. Conduire l'enfant au commissariat.
   D. Conduire l'enfant à l'hôpital.

3. *On aperçoit une usine vide qui brûle un soir.*
   A. Faire venir les pompiers.
   B. Faire venir le médecin.
   C. Acheter l'usine.
   D. Détruire l'usine.

4. *On porte un paquet très lourd. Un monsieur inconnu vous donne un coup de main.*
   A. Se plaindre à ses parents.
   B. Se sauver.
   C. Remercier gentiment le monsieur.
   D. Jeter le paquet à la tête du monsieur.

5. *On est au salon. Au dehors la lessive est en train de sécher.*
   Soudain il commence à pleuvoir.
   A. Ouvrir un parapluie.
   B. Rentrer le linge.
   C. Monter dans le train.
   D. Faire la lessive.

6. *On est enrhumé. Il fait très froid.*
   A. Faire un bonhomme de neige.
   B. Rester au lit.
   C. Aller à la piscine.
   D. Aller en prison.

7. *Un chasseur se trouve nez à nez avec une bête fauve dans*
   une clairière.
   A. Tirer.
   B. Faire du feu.
   C. Se moucher.
   D. Caresser la bête.

8. *Depuis un mois, en plein été, pas une goutte de pluie n'est*
   tombée.
   A. Essayer de la ramasser.
   B. Faire venir le médecin.
   C. Arroser le jardin.
   D. Examiner les gouttières.

9. *Il gèle à pierre fendre. On habite près d'un petit lac.*
   A. Faire une gelée.
   B. Jeter des pierres.
   C. Patiner sur le lac.
   D. Fondre en larmes.

10. *La lumière s'éteint soudain.*
    A. Faire venir le notaire.
    B. Faire venir le docteur.
    C. Changer un plomb.
    D. Changer ses habitudes.

11. *Un robinet pleure.*
    A. Envoyer chercher le plombier.
    B. Faire venir la police.
    C. Le remettre dans son nid.
    D. Offrir des bonbons.

12. *On est en train de préparer une boisson chaude quand le lait s'échappe de la casserole.*
    A. Téléphoner au laitier.
    B. Se cacher derrière un buisson.
    C. Enlever la casserole du gaz.
    D. Courir dans la rue en criant: « Au voleur! »

13. *On arrive à un endroit où deux bûcherons sont en train d'abattre un grand chêne.*
    A. S'éloigner des bûcherons.
    B. S'approcher des bûcherons.
    C. Téléphoner à la police.
    D. Demander le prix du chêne.

14. *On nage très loin de la plage quand on se sent complètement épuisé.*
    A. Construire un radeau.
    B. Faire la planche.
    C. Nager très vite à la plage.
    D. Se noyer.

15. *Vous êtes au cinéma, assis tout près de la sortie de secours. On annonce un incendie.*
    A. Sortir par la porte la plus proche.
    B. Regarder le film suivant.
    C. Parler à l'ouvreuse.
    D. Acheter une glace.

◇

Deuxième Partie

Dans cette partie vous lirez un certain nombre de passages. Après avoir lu chaque passage, vous devrez répondre à des questions ou compléter des phrases. Choisissez les réponses qui vous semblent les plus raisonnables dans chaque cas.

GRANDE-BRETAGNE :
LE TOURISTE DISPOSE !

En Grande-Bretagne, comme ailleurs, le gouvernement propose et le touriste dispose... En fixant, il y a un an, à cinquante livres sterling la portion limite dont dispose annuellement le touriste britannique à l'étranger, M. Wilson pensait bien rabattre sur l'industrie nationale le sterling qui, chaque année, et de plus en plus abondamment, s'évaporait au soleil des plages méditerranéennes.

En insistant pour que les écoliers britanniques passent leur examen à la fin du deuxième trimestre et non fin juillet, le ministre de l'Éducation entendait, de son côté, libérer les parents des servitudes scolaires et faciliter l'échelonnement des vacances d'avril à septembre.

Mais ni M. Wilson ni son ministre ne semblent avoir réussi. Cette année, comme l'année dernière et les années précédentes, un Anglais sur cinq au moins passe ses vacances à l'étranger et six Anglais sur dix les prennent fin juillet et début septembre.

Le défi des cinquante livres a été relevé par les compagnies de voyages : elles organisent des vacances « tous frais compris » à si bon compte qu'il est en fait plus économique de passer quinze jours en Yougoslavie qu'à Eastbourne, à deux heures de Londres.

(D'après « L'Humanité », 17 août 1967.)

16. *Selon le passage, les projets économiques du gouvernement britannique sont menacés par*
    A. les personnes qui passent leurs vacances à l'étranger.
    B. les personnes qui travaillent dans l'industrie nationale.
    C. le sterling.
    D. la portion limite.

17. *Cinquante livres est la somme*
    A. que le gouvernement donne à tous les étrangers.
    B. que le gouvernement donne à tous les Anglais qui quittent l'Angleterre.
    C. que les Anglais ont le droit de dépenser dans d'autres pays.
    D. que les Anglais ont le droit de gagner à l'étranger.

18. *Le gouvernement britannique veut que les écoliers britanniques passent leur examen à la fin du second trimestre*
    A. pour les faire travailler plus vite.
    B. pour les envoyer aux plages méditerranéennes.
    C. pour permettre aux écoliers de prendre un emploi plus tôt.
    D. pour permettre aux parents de prendre leurs vacances plus tôt.

19. *M. Wilson et le ministre de l'Éducation ne semblent pas y avoir réussi*
    A. parce que les écoliers ne réussissent pas à leur examen.
    B. parce que la plupart des parents prennent leurs vacances en plein été.
    C. parce que la somme de cinquante livres est insuffisante.
    D. parce que les compagnies de voyages les défient.

20. *Beaucoup de touristes vont à l'étranger avec ces compagnies de voyages*
    A. parce qu'ils veulent aller en Yougoslavie.
    B. parce qu'ils veulent aller à Eastbourne.
    C. parce qu'ils trouvent ces voyages bon marché.
    D. parce qu'ils trouvent ces voyages assez chers.

◇

L'ÉQUIPE DE FRANCE DE SKI DANS LES PYRÉNÉES.
ISABELLE MIR REÇOIT A SAINT-LARY

Skieurs et skieuses français ont rendez-vous ce matin à Lyon. A bord d'un avion militaire ils se rendent à Pau, d'où ils gagneront Saint-Lary.

C'est dans la station pyrénéenne — où l'enneigement est satisfaisant — que les troupes de Réné Sulpice et de Jean Béranger reprendront l'entraînement. Les remontées mécaniques fonctionnent et les moniteurs travaillent pour mettre en état une piste (500 mètres de dénivellation) sur laquelle les sélectionnés olympiques auront la possibilité de se préparer pour l'épreuve de descente. Ils séjourneront une semaine à Saint-Lary.

Isabelle Mir est à la fête. Fille du maire de Saint-Lary, elle guidera ses camarades sur les pistes de son enfance.

(« *Le Figaro* », *6 décembre 1967*.)

21. *Selon ce passage, plusieurs personnes vont à Lyon*
    A. pour y faire du ski.
    B. pour voyager de Lyon à Pau.
    C. pour entrer dans l'armée.
    D. pour prendre l'avion de Lyon.

22. *Où est Saint-Lary?*
    A. Près de Lyon.
    B. Près d'une gare.
    C. Près de l'Espagne.
    D. Près de la Suisse.

23. *Pourquoi va-t-on à Saint-Lary?*
    A. Parce qu'il y a assez de neige.
    B. Parce qu'il y fait beau temps.
    C. Parce qu'il y a une gare là.
    D. Parce que c'est la fête d'Isabelle Mir.

24. *Que fera-t-on à Saint-Lary?*
    A. On prendra part aux Jeux Olympiques.
    B. On travaillera avec des fonctionnaires.
    C. On y fera du ski.
    D. On prendra un avion.

25. *Isabelle Mir sera de la partie*
    A. parce que c'est sa fête.
    B. parce que c'est une enfant.
    C. parce que son père est le maire.
    D. parce qu'elle connaît bien les pistes.

✧

LE CHAPEAU A FLEURS

M. Dupré avait travaillé vingt ans à Manchester, grande ville située dans le nord de l'Angleterre. Après sa mort, sa veuve décida de ne pas retourner en France, car elle ne voulait pas quitter ses nombreuses amies anglaises.

Elle menait une vie tranquille dans un petit village, s'occupant beaucoup de jardinage et allant rarement à la ville. Mais un jour elle apprit qu'une vieille amie venait de mourir à Manchester. « Je dois aller à Manchester pour assister à la messe d'enterrement », se dit-elle. « Malheureusement, j'aurai deux heures à attendre entre mon arrivée et la messe. » Soudain elle eut une idée. Elle achèterait un beau chapeau dont elle aurait besoin la semaine prochaine pour un mariage. Elle ferait ainsi d'une pierre deux coups.

A Manchester elle finit par choisir un chapeau à fleurs très élégant mais très cher. Craignant d'arriver en retard à l'église, elle dit à la vendeuse : « Non, ne cherchez pas un carton. Je suis pressée. Mettez seulement le chapeau dans un papier. Faites vite, s'il vous plaît. »

Quand elle arriva à l'église elle ne voulut pas entrer encombrée de son nouveau chapeau. Elle le déposa donc sous le porche. Mais, la messe finie, quelle ne fut pas son horreur de voir qu'on avait pris son chapeau à fleurs pour une couronne mortuaire. Le voilà sur le corbillard. « Mon chapeau ! » cria la pauvre veuve en anglais. Mais, puisque cette expression ne signifie en anglais que la surprise, personne n'y fit attention. Il pleuvait à torrents. Sali, trempé, ruiné, le nouveau chapeau fut emporté au cimetière.

26. *Comment Mme Dupré passait-elle son temps dans son village ?*
    A. Elle s'occupait de bonnes œuvres.
    B. Elle ne faisait rien.
    C. Elle travaillait dans son jardin.
    D. Elle allait souvent à Manchester.

27. *Elle aurait deux heures à attendre à Manchester*
   A. parce qu'il faudrait deux heures pour acheter un chapeau.
   B. parce que la messe devait durer deux heures.
   C. parce qu'elle jetterait des pierres.
   D. parce que la messe commencerait deux heures après l'arrivée de son train.

28. *Elle mit son chapeau sous le porche*
   A. parce qu'elle ne voulait pas porter un chapeau sur la tête en assistant à une messe d'enterrement.
   B. parce que le paquet serait trop encombrant dans l'église.
   C. parce que le chapeau ressemblait à une couronne mortuaire.
   D. parce que le porche avait besoin de décoration.

29. *Pourquoi avait-on enlevé son chapeau?*
   A. Parce que quelqu'un avait besoin d'un chapeau.
   B. Parce qu'on l'avait pris pour une couronne mortuaire.
   C. Parce qu'il était défendu de laisser les objets sous le porche de l'église.
   D. Parce qu'on voulait lui jouer un mauvais tour.

30. *Pourquoi ne fit-on aucune attention à ses cris?*
   A. Parce qu'elle criait en français.
   B. Parce qu'elle était Française.
   C. Parce qu'on n'aimait pas son chapeau.
   D. Parce qu'on croyait qu'elle était seulement étonnée.

ÉPREUVE 8

Voici une série de situations. Dans chaque cas choisissez la remarque qui convient le mieux.

1. *Un élève arrive à l'école en retard. Il explique au maître:*
   A. Je me suis levé trop tôt ce matin.
   B. Je me suis couché trop tôt hier soir.
   C. J'avais mal à la gorge ce matin.
   D. J'avais mal aux dents la semaine passée.

2. *Un monsieur qui a oublié sa clef entre dans sa chambre par une échelle quand un agent arrive et le regarde. Le monsieur dit à l'agent:*
   A. Me prenez-vous pour un cambrioleur?
   B. Je suis seulement un cambrioleur.
   C. J'ai oublié mon échelle.
   D. Ma clef est dans ma poche.

3. *Une jeune fille reçoit le prix d'excellence. Son père lui dit:*
   A. Tu devrais rougir de honte!
   B. Quel est le prix de cela?
   C. Ma pauvre fille! Je te plains sincèrement!
   D. Toutes mes félicitations!

4. *Une enfant tombe dans la rivière et crie au secours. Un passant lui dit:*
   A. Fais la planche jusqu'à ce que j'arrive.
   B. Les enfants bien élevés ne crient pas.
   C. Est-ce que l'eau est assez chaude pour se baigner?
   D. Tu abîmeras ta robe en la mouillant de la sorte.

5. *Un élève dit à son maître qu'il est sorti la veille au lieu de faire ses devoirs. Le maître lui répond:*

    A. Je suis très content de toi.

    B. Ton devoir est d'aider ton prochain.

    C. Tu as bien fait. Il faut toujours aider les vieilles.

    D. Tu seras en retenue ce soir.

6. *Mme Masson fait sa toilette depuis une heure. Son mari, furieux, l'attend pour aller au cinéma. A bout de patience, il s'écrie:*

    A. Je ne peux plus t'atteindre, Hélène!

    B. Tu as dû t'endormir là-haut, Hélène!

    C. Tu seras vite guérie, ma chérie!

    D. Il faut changer de vitesse, Hélène!

7. *Un garçon quitte sa famille pour aller au pensionnat. Son père lui dit:*

    A. Ne rentre pas tard ce soir. Je veux te voir ici à cinq heures.

    B. Bon courage, mon fils; travaille bien pendant tout le trimestre.

    C. Dis aux professeurs que tu es trop paresseux pour travailler.

    D. Voici des gâteaux pour manger en classe.

8. *Deux amis regardent le coucher du soleil. L'un des deux dit:*

    A. Rentrons. Voici l'aurore.

    B. Rentrons. Le soleil est trop chaud.

    C. Que le ciel est rose! Il va faire beau demain.

    D. Que vas-tu faire cet après-midi?

9. *Pendant une promenade en pleine campagne, deux enfants se rendent compte qu'ils ont perdu leur chemin. L'aîné dit à l'autre:*

    A. Sortons la boussole et regardons la carte.

    B. Il faut le chercher. L'as-tu laissé tomber dans le bois?

    C. Cela ne compte pas.

    D. Adressons-nous à l'agent qui se tient au coin de la rue.

I

10. *Une auto a renversé une vieille dame qui était en train de traverser la rue, à Paris. Un agent arrive à l'hôpital pour la voir et dit à la dame :*
    A. Étiez-vous dans le passage clouté, madame?
    B. Il ne faut pas conduire si vite, madame.
    C. Il faut aller à la gare, madame.
    D. Je vous arrête.

11. *Après avoir fait naufrage, deux matelots arrivent en nageant à une île du Pacifique où l'eau douce manque. Un matelot dit à son compagnon :*
    A. Retournons au navire. Il y a peut-être des cannibales ici.
    B. J'ai soif. Buvons de l'eau.
    C. Asseyons-nous sur la plage et faisons jouer des disques.
    D. Il faut construire un radeau.

12. *Un garçon grimpe sur des falaises. La marée monte et il ne peut descendre. Ne pouvant monter plus haut, il risque de se noyer, car il ne sait pas nager. Sa mère crie :*
    A. Au secours! Mon fils a besoin d'un maillot.
    B. Au secours! Mon fils a besoin d'un bateau.
    C. Au secours! Mon fils a besoin d'une grosse vague.
    D. Au secours! Mon fils a besoin de la marée haute.

13. *Un alpiniste, qui fait une ascension dangereuse, tombe près du sommet et se casse la jambe. Ses compagnons se disent :*
    A. Il faut faire venir un brancard.
    B. Il faut faire venir une ambulance.
    C. Il faut qu'il descende à pied.
    D. Il faut qu'il finisse l'ascension.

14. *Une dame rentre dans l'immeuble où elle habite au rez-de-chaussée. La concierge sort de sa loge pour lui dire :*
    A. De cette loge on voit mal les acteurs.
    B. Je regrette, madame, il est impossible de vous loger.
    C. Il y a du courrier pour vous, madame.
    D. Je regrette, madame, l'ascenseur est en panne.

15. *Un mari achète une auto d'occasion. Sa femme s'écrie:*
   A. Quelle magnifique auto neuve!
   B. Mais elle est trop vieille!
   C. Moi, je n'ai jamais l'occasion de faire ça.
   D. Il ne faut pas que cela devienne une habitude.

✧

Deuxième Partie

Lisez attentivement le passage suivant, puis complétez les phrases de la manière qui convient le mieux.

PANIQUE AU MÉTRO
DENFERT-ROCHEREAU

Pendant quelques instants, un usager du métro a cru, l'autre jour, qu'il ne pourrait échapper à une mort horrible. Il était 16 heures environ. A la station Denfert-Rochereau, une rame de cinq voitures s'apprêtait à partir dans la direction Nation.

Soudain, un voyageur, sans doute distrait, se précipita pour sortir de la seconde voiture. Après avoir reçu le signal d'usage, le chef de train, qui ne pouvait voir la totalité de sa rame, en raison de la courbure du quai, mettait en route. Sans doute le voyageur crut-il qu'il avait le temps de passer. Il sauta sur le quai, mais une manche de sa veste resta coincée entre les portières, qui venaient de claquer.

Sous les regards horrifiés des autres voyageurs, il fut entraîné par la rame qui prenait de la vitesse, courant sur le quai, de crainte de trébucher. Ce n'est qu'à quelques mètres de la paroi du tunnel que le chef de train, alerté par les cris des spectateurs du drame, stoppa la rame. Le voyageur en fut quitte pour la peur.

— Les accidents, dans le métro, sont rarissimes, dit-on à la R.A.T.P., et presque toujours dus à une imprudence de l'usager. Le métro reste le moyen de transport le plus sûr.

(« *L'Aurore* », *2 septembre 1967*.)

16. *Cet incident se passa*
    A. un matin.
    B. un après-midi.
    C. un soir.
    D. une nuit.

17. *Le voyageur*
    A. ne pensait pas à ce qu'il faisait.
    B. ne savait pas que la rame avait cinq voitures.
    C. était myope.
    D. était sourd.

18. *Le voyageur voulait*
    A. entrer dans la rame.
    B. sortir de la rame.
    C. ramer à toute vitesse.
    D. se changer.

19. *Le chef de train ne pouvait voir le voyageur*
    A. parce que son grand drapeau le cachait.
    B. parce qu'il ne voyait pas totalement bien.
    C. parce qu'il ne savait pas ramer.
    D. parce que le quai n'était pas en ligne droite.

20. *Le voyageur dut courir sur le quai*
    A. parce que sa veste était prise entre les portières.
    B. parce que son sous-vêtement était pris entre les portières.
    C. parce qu'il trébuchait.
    D. parce qu'il voulait attraper la rame.

21. *Les spectateurs*
    A. rirent.
    B. crièrent.
    C. se sauvèrent.
    D. s'évanouirent.

22. *A la fin, le voyageur*
    A. fut écrasé par la rame.
    B. fut entraîné par la rame après avoir trébuché.
    C. stoppa la rame.
    D. était sain et sauf.

23. *Selon l'article, les accidents dans le métro*
   A. arrivent souvent.
   B. sont dus à une imprudence du personnel.
   C. sont dus aux voyageurs imprudents.
   D. sont dus à la R.A.T.P.

Après avoir lu le passage suivant, répondez aux questions de la manière qui convient le mieux.

POUR LA PREMIÈRE FOIS EN «SOLITAIRE»
UNE FEMME AU DÉPART
DE LA COURSE TRANSATLANTIQUE

Pour la première fois dans l'histoire de la course transatlantique en solitaire, qui verra sa troisième édition se dérouler en juin prochain, une femme sera sans doute au départ de l'épreuve. Si, au moins, il devait en être autrement — il reste encore près de six mois pour se préparer et aussi renoncer — Edith Baumann, jeune Allemande de 26 ans, aura tout fait pour quitter Plymouth le 1er juin 1968 seule à bord du trimaran « Koala III ».

Aujourd'hui même, son « directeur sportif », le commandant Bernard Waquet, propriétaire du bateau, va déposer au siège du Royal Western Yacht Club, à Plymouth, la candidature de la jeune fille. En même temps, le commandant Waquet déposera la sienne, puisqu'il a l'intention d'affronter lui aussi l'Atlantique à bord d'un trimaran, le « Tamouré ». Il aura d'ailleurs peut-être l'occasion, précise-t-il, de revenir avant peu à Plymouth pour inscrire deux autres candidatures, toujours sur trimarans, baptisés « Twist » et « Charleston ».

Edith Baumann, la future solitaire de « Koala III », qui n'a jamais navigué que comme équipière, commencera son entraînement « quelque part sur les côtes de France » le 5 janvier prochain. Très impressionnée aujourd'hui par la tâche qui l'attend, elle espère néanmoins avoir rapidement en main son bateau pour entreprendre une croisière qui l'habituera aux rigueurs du large.

S'il n'est pas nécessaire d'espérer pour entreprendre, on peut quand même dire qu'Edith Baumann aura au moins remporté une victoire si elle se montre fidèle au rendez-vous qu'elle s'est donné le 1er juin à Plymouth.

(« *Le Figaro* », *6 décembre 1967.*)

24. *Avant 1968, combien de femmes avaient déjà fait la course transatlantique en solitaire?*
    A. Trois.
    B. Six.
    C. Beaucoup.
    D. Aucune.

25. *A qui le trimaran « Koala III » appartient-il?*
    A. A Edith Baumann.
    B. Au commandant Bernard Waquet.
    C. Au Royal Yacht Club.
    D. A Plymouth.

26. *Quel est le pays natal d'Edith Baumann?*
    A. Les États-Unis.
    B. L'Angleterre.
    C. La Hollande.
    D. L'Allemagne.

27. *Que va faire à Plymouth le commandant Waquet, le jour même de cet article?*
    A. Il va faire inscrire son nom et celui d'Edith Baumann.
    B. Il va baptiser deux autres trimarans.
    C. Il va déposer son bateau à Plymouth.
    D. Il va mettre le siège devant la ville.

28. *Qui accompagnera Edith Baumann à bord de « Koala III »?*
    A. Personne.
    B. Une amie.
    C. Waquet.
    D. Tamouré.

29. *Quelle expérience de navigation Edith Baumann avait-elle déjà eue, avant la date de cet article?*
   A. Elle avait navigué seule sur les côtes de France.
   B. Elle avait traversé l'Atlantique toute seule.
   C. Elle n'avait jamais navigué seule.
   D. Elle avait fait une croisière solitaire.

30. *Selon le journaliste, qu'est-ce qu'Edith Baumann devra faire le 1ᵉʳ juin pour remporter une victoire?*
   A. Elle devra traverser l'Atlantique en solitaire.
   B. Elle devra gagner une course.
   C. Elle devra partir de Plymouth toute seule sur «Koala III».
   D. Elle devra donner un rendez-vous à un ami.

ÉPREUVE 9

Voici une série de situations. Choisissez dans chaque cas la remarque qui convient le mieux.

1. « *Moi aussi, je veux du vin rouge!* » *s'écrie le petit Paul. Son père lui répond:*
   A. Tiens. Voici un bâton de rouge à lèvres.
   B. Ne rougis pas, mon petit.
   C. L'eau rougie suffit aux enfants.
   D. Tu veux la rougeole, toi?

2. « *Est-ce que vous êtes veuf?* » *demande-t-on à M. Grosgeorges, qui répond:*
   A. Non, ma mère vit toujours.
   B. Non, ma femme vit toujours.
   C. Non, j'ai deux frères, monsieur.
   D. Non, je suis catholique, monsieur.

3. « *Est-ce que ce joli tailleur vous plaît, madame?* » *demande l'employée à Mlle Pastif, qui répond:*
   A. En effet, c'est un homme assez bien taillé.
   B. Est-ce qu'il a beaucoup d'expérience?
   C. Je n'aime pas les semelles.
   D. Je préfère celui que vous avez à votre étalage.

4. *M. Leblanc téléphone au plombier. Il explique son problème:*
   A. J'ai cogné ma pipe.
   B. J'ai un tuyau qui vient d'éclater.
   C. J'ai cassé la fenêtre de ma chambre.
   D. Je viens de faire ma toilette.

5. *M. Hilaire ôte son chapeau pour parler à une voisine. La dame s'écrie:*
   A. Ôtez-vous de là!
   B. Ne vous arrachez pas les cheveux.
   C. Couvrez-vous, je vous en prie.
   D. Il faut que nous causions tête à tête!

6. *En arrivant chez eux, les Duval trouvent qu'il y a de la fumée qui s'échappe par la fenêtre. M. Duval hurle à sa femme:*
   A. Va chercher un cendrier! Dépêche-toi!
   B. Va téléphoner aux pompiers! Fais vite!
   C. Donne-moi du feu, chérie!
   D. Donne-moi un tire-bouchon, Françoise!

7. *Après avoir lu une annonce parue dans le journal, Mlle Aubourg demande à voir une chambre à louer. Le propriétaire lui dit:*
   A. Cela n'annonce rien de bon, mademoiselle.
   B. Vous auriez dû téléphoner au bureau de location.
   C. Par ici, mademoiselle. La vue est des plus superbes.
   D. Moi aussi, je tiens un journal.

8. *Alain arrive au bureau en boitant. « Qu'avez-vous? » lui demande son patron. Alain répond:*
   A. Je me suis tordu le pied.
   B. J'en ai deux.
   C. C'est mon pouce qui me fait mal.
   D. Ma boîte de vitesse ne fonctionne plus.

9. *Michel a une toux grasse. Il explique à sa femme pourquoi il ne renonce pas au tabac:*
   A. Je ne pourrais me passer de mes cigarettes, Marie.
   B. Je suis trop gras, Marie.
   C. Il n'y a pas de fumée sans feu, Marie.
   D. Le débit de tabac n'est pas ouvert, Marie.

K

10. *Après avoir examiné le cadavre étendu sur le trottoir, le détective demande au témoin :*
   A. C'est vous qui l'avez guéri?
   B. C'est vous qui avez perdu cet objet-là?
   C. Connaissiez-vous la victime?
   D. Pourquoi cette lessive est-elle étendue comme ça?

11. *Pour la quatrième fois Grand-père a été réveillé en sursaut par son petit-fils qui fait claquer la porte. Le vieillard s'écrie :*
   A. Il est fort heureux que je n'aie pas de réveille-matin.
   B. J'essaie de faire réveillon, mon petit.
   C. Tu dois aller au parc si tu veux sauter.
   D. Tu m'agaces avec tes allées et venues.

12. *Le président regarde la foule qui l'acclame, en s'écriant à son premier ministre :*
   A. Que de monde! Évidemment ils ont tous envie de me pendre.
   B. Que de monde! Évidemment ils ont tous envie de me fusiller.
   C. Que de monde! Évidemment je les énerve.
   D. Que de monde! Évidemment je me suis fait aimer.

13. *M. Durand va au guichet de la poste restante où on lui demande :*
   A. Comment vous appelez-vous, monsieur?
   B. Qu'est-ce qu'il y a, monsieur?
   C. Que prenez-vous, monsieur?
   D. Combien de temps vous reste-t-il, monsieur?

14. *« Pourquoi est-ce que vous ne m'avez pas donné ma communication? » demande M. Bernard à la téléphoniste du central. La dame explique :*
   A. Il faut que vous démarriez plus vite, monsieur.
   B. Vous avez oublié de mettre le contact, monsieur.
   C. Le numéro que vous cherchez n'est pas encore libre, monsieur.
   D. Le courrier n'est pas encore arrivé, monsieur.

15. *Louise s'écrie à son amie, qui vient d'arriver chez elle:*
    A. Faites comme chez vous!
    B. Défense de passer.
    C. A demain!
    D. Je vous envoie mon affectueux souvenir.

Deuxième Partie

Lisez avec soin les passages suivants. Après avoir lu chaque passage, répondez aux questions, ou complétez les phrases, de la manière qui convient le mieux.

BEAU BRUMMELL

Pourquoi, dès qu'il s'agit d'élégance, les hommes regardent-ils du côté de l'Angleterre? C'est sans doute parce qu'elle est la patrie d'un fabuleux personnage: George Bryan Brummell. De ce Brummell il reste un nom, une légende. Il n'a pas eu besoin d'écrire une œuvre pour passer à la postérité, son œuvre, c'est lui-même. Rien au monde mieux que son nom et que cette légende ne peut donner l'idée de la suprême élégance masculine.

Au collège d'Eton, il se distingua non par le goût de l'étude, mais par le soin de sa mise et par une froide insolence. A Oxford ensuite, son rayonnement de l'influence qu'il exerçait lui valurent les plus illustres amitiés, celle entre autres du prince de Galles, le futur George IV, qui le prit pour modèle et pour confident. A Londres, les insolences et la hautaine indifférence de Brummell éblouissaient la société. Il ne ménageait personne, pas même son illustre protecteur George IV. Ayant le goût d'étonner plus que celui de plaire, il finit par se brouiller avec le roi, qui, blessé par ses sarcasmes, l'abandonna à son sort.

Couvert de dettes, ayant perdu sa fortune au jeu, Brummell vendit ses meubles et se réfugia en France, à Calais qui était à l'époque le dernier havre des débiteurs anglais. Lorsque George IV, se rendant dans son royaume de Hanovre, traversa la ville, son entourage fit savoir à Brummell qu'une réconciliation serait possible. Mais alors même qu'il était au seuil de la misère, Brummell, « le roi de Calais », refusa de se déplacer pour rencontrer le roi de Londres, prouvant ainsi que la vanité des dandies peut rejoindre l'orgueil des âmes d'élite.

(« *Paris Match* », *le 7 octobre 1967.*)

16. *Pourquoi est-ce que la renommée de Beau Brummell a été si durable ?*
    A. Parce qu'il faisait de bonnes œuvres.
    B. Parce qu'il écrivait des fables.
    C. Parce que Brummell était légionnaire.
    D. Parce que Brummell était l'élégance même.

17. *Quel fut le premier lieu où il se montra très bien habillé ?*
    A. Eton.
    B. Oxford.
    C. Londres.
    D. Calais.

18. *Que fit-il à Londres ?*
    A. Il lutta contre l'indifférence des riches.
    B. Il refusa de faire le ménage pour le roi.
    C. Il se fit l'idole de la haute société.
    D. Il se rendit compte de ses devoirs envers la société.

19. *Pourquoi George IV rompit-il avec le dandy ?*
    A. Parce que Beau Brummell avait décidé d'aller en France.
    B. Parce que Beau Brummell avait refusé de protéger le roi.
    C. Parce qu'ils s'étaient égarés.
    D. Parce qu'ils s'étaient disputés.

20. *Pourquoi Beau Brummell se réfugia-t-il à Calais ?*
    A. Parce qu'il n'avait pas de meubles.
    B. Parce qu'il voulait revoir le roi.
    C. Parce qu'il voulait échapper aux mains de ses créditeurs.
    D. Parce que Calais n'est pas trop loin du Havre.

21. *Comment avait-il perdu sa fortune?*
    A. Il avait prêté tout son argent à George IV.
    B. Il l'avait perdue dans les maisons de jeu.
    C. Il avait acheté trop de vêtements.
    D. Il avait dû vendre sa maison d'ameublement.

22. *Pourquoi George IV vint-il à Calais?*
    A. Parce qu'il faisait route vers Hanovre.
    B. Parce que « le roi de Calais » était son cousin.
    C. Parce que c'est une ville un peu écartée.
    D. Parce qu'il voulait regagner son argent.

23. *Pourquoi est-ce que Beau Brummell refusa de se récon-cilier avec le roi?*
    A. Parce qu'il était au seuil de la misère.
    B. Parce qu'il était trop fier.
    C. Parce qu'il n'avait plus de dettes.
    D. Parce qu'il n'osait pas retourner à Londres.

◇

Lisez le passage suivant, puis complétez les phrases de la manière qui convient le mieux.

NUL PAIN SANS PEINE

Le jeudi et le dimanche, ma tante Rose, qui était la sœur aînée de ma mère, et qui était aussi jolie qu'elle, me conduisait, au moyen d'un tramway, jusqu'au jardin public.

Nous nous installions sur un banc devant un massif de lauriers; elle sortait un tricot de son sac, et moi, j'allais m'occuper des travaux de mon âge.

Ma principale occupation était de lancer du pain aux canards. Dès que je montrais un croûton, leur flottille venait vers moi, et je commençais ma distribution.

Lorsque ma tante ne me regardait pas, tout en leur disant, d'une voix suave, des paroles de tendresse, je leur lançais aussi des pierres, avec la ferme intention d'en tuer un. Cet espoir, toujours déçu, faisait le charme de ces sorties.

Un beau dimanche je courus, avec mon petit sac de croû-
tons, vers le bord de l'étang. Je choisis d'abord une belle
pierre, grande comme une pièce de cinq francs, assez plate,
et merveilleusement tranchante. Par malheur, un garde me
regardait: je la cachai donc dans ma poche, et je commençai
ma distribution, avec des paroles si affectueuses que je fus
bientôt en face de toute une escadre rangée en demi-cercle.

Le garde me parut peu intéressé par ce spectacle: il tourna
simplement le dos, et s'en alla à pas comptés. Je sortis aussitôt
ma pierre, et j'eus la joie d'atteindre en pleine tête le vieux
père canard. Mais au lieu de couler à fond — comme je
l'espérais — il vira de bord, et s'enfuit en poussant de grands
cris d'indignation. A dix mètres du bord, il s'arrêta et se
tourna de nouveau vers moi; debout sur l'eau et battant des
ailes, il me lança toutes les injures qu'il savait, soutenu par les
cris déchirants de toute sa famille.

Le garde n'était pas bien loin: je courus me réfugier auprès
de ma tante.

(*D'après* MARCEL PAGNOL: « *La Gloire de mon père* ».)

24. *La tante Rose*
   A. était plus jolie que sa sœur.
   B. était moins jolie que sa sœur.
   C. était plus âgée que sa sœur.
   D. était plus jeune que sa sœur.

25. *Quand les canards s'approchaient de l'enfant*
   A. il se dirigeait vers la sortie.
   B. il poussait des cris perçants.
   C. il leur parlait doucement.
   D. il les tuait, un à un.

26. *Il mit la pierre dans sa poche*
   A. parce qu'il voulait distribuer le pain.
   B. parce qu'il voulait la garder.
   C. parce qu'il voulait se cacher.
   D. parce qu'il voulait faire l'innocent.

27. *Le garde s'éloigna*
   A. parce qu'il voulait se plaindre à la tante.
   B. parce qu'il allait téléphoner à police-secours.
   C. parce que le garçon l'avait trompé.
   D. parce qu'il croyait que ses jours étaient comptés.

28. *Après le départ du garde*
   A. le garçon tua le père canard.
   B. le garçon blessa le père canard.
   C. le garçon attendit le père canard.
   D. le garçon fit sortir le père canard de l'étang.

29. *Là-dessus, le vieux canard*
   A. se sauva, avant de revenir à l'attaque.
   B. chercha la protection de sa famille.
   C. prit le petit garçon à la gorge.
   D. attendit la mort, résigné.

30. *Le garçon courut se réfugier auprès de sa tante*
   A. parce que les canards allaient attirer l'attention du garde.
   B. parce que le tramway était sur le point de partir.
   C. parce que le garde lui lançait des injures.
   D. parce que les canards le battaient.

ÉPREUVE 10

Première Partie

Voici une série de situations. Dans chaque cas, choisissez la remarque qui convient le mieux.

1. *Colette est sur le point de partir. Son amie s'écrie:*
   A. Tiens!
   B. Bonjour!
   C. A bientôt!
   D. A ta santé!

2. *Henriette marche sur la pointe des pieds. Elle explique à sa mère:*
   A. J'ai mal à la nuque, maman.
   B. Je ne veux pas éveiller le bébé, maman.
   C. Je vais au marché, maman.
   D. Je fais le bébé, maman.

3. *« Qu'as-tu? » demande le maître, en voyant un garçon qui lève la main. L'élève répond:*
   A. J'en ai assez, monsieur.
   B. J'ai douze ans, monsieur.
   C. J'essaie de toucher le plancher, monsieur.
   D. Je ne me sens pas bien, monsieur.

4. *Mme Couze demande à la petite fille pourquoi elle sanglote comme ça dans la rue. L'enfant répond, en reniflant:*
   A. C'est ma fête, madame.
   B. C'est le robinet qui pleure, madame.
   C. J'ai perdu la parole, madame.
   D. Je me suis égarée, madame.

5. *« Je cherche l'express pour Nice », dit Georges au porteur qui répond:*

A. La voie lactée, monsieur.
B. La voie ferrée, monsieur.
C. La voie quatre, monsieur.
D. La voie publique, monsieur.

6. « *Pourquoi êtes-vous toujours célibataire?* » *demande-t-on à Pierre, qui explique:*
   A. Les soucis de famille m'ont toujours découragé.
   B. Je voudrais avoir un fils.
   C. Le mariage religieux est facultatif.
   D. Le mariage civil est obligatoire.

7. *Jean rentre tard du lycée. Sa maman, inquiète, lui demande d'expliquer. Voici la réponse de son fils:*
   A. Je n'ai pas encore fait mes devoirs, maman.
   B. Aujourd'hui les matières ont été facultatives, maman.
   C. On nous a donné un après-midi de congé, maman.
   D. On m'a mis en retenue, maman.

8. *Le vieux Jean vient de se donner un coup de marteau sur le pouce. Il s'écrie:*
   A. Bravo!
   B. Chouette!
   C. Allons donc!
   D. Zut!

9. « *Pourquoi rentres-tu si heureux?* » *demande Mme Vauvin à son mari. Il s'écrie, transporté de joie:*
   A. Chérie, on m'a condamné à cinquante mille francs d'amende!
   B. Chérie, on vient de me donner un coup de poing!
   C. Chérie, je viens de gagner le gros lot!
   D. Chérie, je viens d'être blessé!

10. *Monsieur Guimard demande à une vendeuse où se trouve le rayon des cravates. Elle lui répond:*
    A. Il faut prendre le métro, monsieur.
    B. Il faut descendre au sous-sol, monsieur.
    C. Mais on ne l'a pas perdu, monsieur.
    D. Prenez la deuxième route à gauche, monsieur.

11. « *Est-ce que Monsieur veut déjeuner à la carte ?* » *demande le garçon. Le client répond :*
    A. Mais oui, si vous pouvez me donner carte blanche.
    B. Mais oui. Aujourd'hui je n'ai pas grand-faim. Une omelette nature, s'il vous plaît.
    C. Mais non. Il fait trop froid là-bas. Je préfère rester à l'intérieur.
    D. Mais non. Il est déjà neuf heures du soir.

12. *Les Roussillon demandent au gérant de leur montrer la meilleure chambre de l'hôtel. Il répond :*
    A. En ce moment on est en train de la faire.
    B. En ce moment on est en train de la bâtir.
    C. Il y en a dix au second étage.
    D. Il y a des écuries dans la cour.

13. *Le chasseur voit deux petits points lumineux qui le regardent. Il souffle à son compagnon :*
    A. Marius, je vois des étoiles.
    B. Marius, cela saute aux yeux.
    C. Chut ! Je vais tirer.
    D. Chut ! Je vais faire du feu.

14. « *Mais ces chaussures ne sont pas usagées, monsieur !* » *s'écrie le douanier. Le voyageur répond :*
    A. Non, monsieur, je ne les ai plus.
    B. Si, monsieur, elles m'ont fait un bon usage.
    C. Mais, monsieur, on a toujours dit que je manque d'usage.
    D. Mais, monsieur, regardez le rez-de-chaussée !

15. « *Vous pouvez garder la monnaie* », *dit Raoul au garçon, qui fait la moue avant de répondre :*
    A. Que voulez-vous que je fasse avec dix centimes ?
    B. Cela n'est pas nécessaire. Il y a une banque à côté du café.
    C. Je regrette, monsieur. Je n'ai pas de petite monnaie.
    D. Veuillez agréer, monsieur, l'expression de mes sentiments les plus distingués.

✧

Deuxième Partie

Voici maintenant un certain nombre de passages qu'il faut lire avec soin. Après avoir lu chaque passage, complétez les phrases, ou répondez aux questions, de la manière qui convient le mieux.

LA TOURAINE

Mon premier contact avec la Touraine : une fillette, roulant à bicyclette sur un chemin départemental, que j'ai interpellée pour m'enquérir de la route de Luynes. D'une voix douce, de façon inhabituelle, elle me répondit en des termes choisis, utilisant des tournures nobles et des mots peu usités tels que « sentine ».

« C'est en Touraine, disait Michelet, que la langue française est parlée en son plus bel et plus pur accent. »

Les raisons de cette constatation ? On doit sans doute les trouver dans la géographie et dans l'histoire.

La Touraine occupe une position centrale et a fort peu subi d'invasions. L'industrialisation et l'émigration internes l'ont encore fort peu touchée. Et les étrangers désireux d'apprendre correctement le français le savent bien puisque Tours est devenu un des centres les plus actifs pour l'étude de notre langue.

L'institut de Touraine constitue un des pôles de cet enseignement.

Installé dans l'Hôtel Torterue, il ne ressemble en rien à une école. On peut y côtoyer des élèves de toute origine, des employés de chemin de fer norvégiens, des postiers allemands, des médecins grecs.

(« *Le Figaro* », *le 2 mai 1967.*)

16. *L'auteur s'étonna d'entendre le mot « sentine »*
    A. parce que c'est un mot étranger.
    B. parce que c'est un mot qui n'est pas d'usage courant.
    C. parce qu'il se rendait à Luynes.
    D. parce que la fillette n'avait pas mis le contact.

17. *A Tours*
     A. on voit beaucoup d'usines.
     B. on s'exprime en argot.
     C. on entend le français le mieux parlé.
     D. on rencontre les Français les plus nobles.

18. *Tours se trouve*
     A. près du centre de la France.
     B. près d'un des pôles.
     C. dans le Midi.
     D. à la frontière allemande.

19. *L'histoire de Tours est*
     A. celle d'une ville qui a souffert beaucoup de sièges.
     B. celle d'une ville qui a échappé aux sièges.
     C. celle d'une ville fort industrialisée.
     D. celle d'une ville dont la plupart des habitants ont émigré.

20. *A l'Hôtel Torterue*
     A. on apprend la géographie de l'Europe.
     B. on va bâtir une gare.
     C. on guérit les malades.
     D. on instruit les étudiants étrangers.

SOUVENIRS D'ENFANCE

Je trouvai mon père assis devant la table de la salle à manger. Mon café au lait était déjà servi. Maman me demanda:

— Tu t'es lavé les pieds?

Comme je savais qu'elle attachait une importance particulière à cette opération futile, et dont la nécessité me paraissait inexplicable (puisque les pieds, ça ne se voit pas), je répondis avec assurance:

— Tous les deux.

— Tu t'es coupé les ongles?

Il me sembla que l'aveu d'un oubli confirmerait la réalité du reste.

— Non, dis-je, je n'y ai pas pensé. Mais je les ai taillés dimanche.

— Bien, dit-elle.

Elle parut satisfaite. Je le fus aussi.

Pendant que je croquais mes tartines, mon père dit :

— Tu ne sais pas où nous allons? Eh bien, voilà. Ta mère a besoin d'un peu de campagne. J'ai donc loué, de moitié avec l'oncle Jules, une villa dans la colline, et nous y passerons les grandes vacances.

Je fus émerveillé.

— Et où est-elle, cette villa?

— Loin de la ville, au milieu des pins.

— C'est très loin?

— Oh oui, dit ma mère. Il faut prendre le tramway, et marcher ensuite pendant des heures.

— Alors, c'est sauvage?

— Assez, dit mon père. Un vrai désert!

Paul arrivait, pieds nus, pour savoir ce qui se passait et il demanda :

— Est-ce qu'il y a des chameaux?

— Non, dit mon père. Il n'y a pas de chameaux.

J'allais poser mille questions mais, comme j'oubliais ma tartine, ma mère poussa ma main vers ma bouche.

(*D'après* MARCEL PAGNOL : « *La Gloire de mon père* ».)

21. *Le garçon n'avait pas voulu se laver les pieds*

    A. parce que, après tout, on les cache dans les chaussures.

    B. parce que, après tout, ils n'étaient pas sales.

    C. parce que maman trouvait cela peu important.

    D. parce qu'il avait trop soif pour quitter la salle à manger.

22. *Il dit qu'il ne s'était pas coupé les ongles*
    A. parce qu'il ne voulait pas mentir en présence de sa mère.
    B. parce qu'il voulait prendre un air convaincant.
    C. parce que c'était un garçon fort assuré.
    D. parce que c'était un garçon fort oublieux.

23. *Ils allaient passer leurs vacances*
    A. dans une villa avec l'oncle Jules.
    B. dans une villa, près de celle de Jules.
    C. chez Jules.
    D. en plein air, dans la colline.

24. *Paul demanda s'il y avait des chameaux*
    A. parce qu'il avait peur de ces animaux féroces.
    B. parce que sa mère avait dit que la villa était très loin de chez eux.
    C. en entendant prononcer le mot « sauvage ».
    D. en entendant prononcer le mot « désert ».

25. *Le garçon ne posa pas ses questions*
    A. parce qu'il avait grand-faim.
    B. parce qu'il avait soif.
    C. parce que sa mère lui dit de manger.
    D. parce que sa mère le fit manger.

LE PREMIER DÉPART DE LA TV-COULEUR EN ANGLETERRE

La B.B.C. va commencer demain des émissions en couleur que l'on pourra voir en même temps en noir et blanc sur B.B.C. 2. Le premier programme sera un reportage sportif où les pelouses vertes de Wimbledon auront la vedette. Chaque jour jusqu'au sept juillet, les matches des championnats de tennis de Wimbledon seront retransmis en couleur — ce qui représentera au total une trentaine d'heures d'émission. En outre, le 6 juillet, la B.B.C. couleur présentera une émission dramatique dont Simone Signoret est la vedette.

Ces premières émissions ne constitueront cependant qu'un galop d'essai, les débuts officiels de la couleur en Angleterre étant prévus pour décembre seulement.

D'ici là se pose un grave problème: les fabricants seront-ils prêts à lancer sur le marché leurs appareils récepteurs, car l'initiative prise par la B.B.C. de commencer ses programmes en couleur plus tôt que prévu semble les avoir pris de court.

(*D'après* « *Le Figaro* » , *1967*.)

26. *Quand cet article fut-il publié?*
    A. Pendant les championnats de tennis de Wimbledon.
    B. La veille des championnats de tennis de Wimbledon.
    C. Le sept juillet.
    D. Le six juillet.

27. *Quand la B.B.C. présenta-t-elle la pièce?*
    A. Après les débuts officiels.
    B. Au mois de décembre.
    C. Avant la fin des championnats de tennis.
    D. Après la fin des championnats de tennis.

28. *Pourquoi est-ce que la B.B.C. présenta ces programmes?*
    A. Pour célébrer le jour de Noël.
    B. Parce que Simone Signoret était la vedette.
    C. Pour émettre en noir et blanc sur B.B.C. 2.
    D. Pour soumettre la couleur à l'épreuve.

29. *Quand les émissions auraient-elles dû commencer?*
    A. Une trentaine d'heures plus tard.
    B. Cinq mois auparavant.
    C. Le lendemain.
    D. Cinq mois plus tard.

30. *Quel problème s'était posé aux fabricants?*
    A. La B.B.C. les avait pris à l'improviste.
    B. Les programmes étaient si courts.
    C. Ce n'était qu'un galop d'essai.
    D. On avait décroché le récepteur.